历史的丰碑丛书

科学的殉道者
伽利略

李海峰　吴学荣　编著

吉林人民出版社

图书在版编目（CIP）数据

科学的殉道者——伽利略／李海峰，吴学荣编著．

- -长春：吉林人民出版社，2011.4（2025.4 重印）

（历史的丰碑丛书）

ISBN 978-7-206-07679-4

Ⅰ．①科…　Ⅱ．①李…　②吴…　Ⅲ．①伽利略，G．
（1564～1642）—生平事迹—青年读物②伽利略，
G．（1564～1642）—生平事迹—少年读物 Ⅳ．
① K835.466.1-49

中国版本图书馆 CIP 数据核字 (2011) 第 037141 号

科学的殉道者　伽利略

KEXUE DE XUNDAOZHE　JIALILÜE

编　　著:李海峰　吴学荣

责任编辑:卢俊宁　　　　　封面设计:孙浩瀚

制　　作:吉林人民出版社图文设计印务中心

吉林人民出版社出版 发行(长春市人民大街7548号　邮政编码:130022)

印　　刷:北京一鑫印务有限责任公司

开　　本:787mm×1092mm　　1/16

印　　张:8　　　　　字　　数:72千字

标准书号:ISBN 978-7-206-07679-4

版　　次:2011年4月第1版　　印　　次:2025年4月第3次印刷

定　　价:35.00 元

如发现印装质量问题,影响阅读,请与出版社联系调换。

编者的话

　　"欲知大道，必先为史"。

　　回溯人类的足迹，人们首先看到的总是那些在其各自背景和时点上标志着社会高度和进步里程的伟大人物。他们是历史的丰碑，是后世之鉴。

　　黑格尔说："无疑，一个时代的杰出个人是特性，一般说来，就反映了这个时代的总的精神。"普希金说："跟随伟大人物的思想是一门引人入胜的科学。"

　　以史为鉴，面向未来。作为21世纪的继往开来者，我们觉得，在知史基础上具有宽广的知识结构、开阔的胸襟和敏锐的洞察力应是首要的素质要求，而在历史的大背景中追寻丰碑人物的思想、风范和足迹，应是知史的捷径。

考虑到现代人时间的宝贵，我们期盼以尽量精短的篇幅容纳尽量丰富的信息，展现尽量宏大的历史画卷和历史规律。为此，我们编撰了这套丛书。

编撰丛书的过程，也是纵览历代风云、伴随伟人心路、吸收历史营养的过程。沉心于书页，我们随处感受着各历史时期伟大人物所体现的推动历史进步的人类征服力量。我们随着伟人命运及事业的坎坷与辉煌而悲喜，为他们思想的深邃精湛、行为的大气脱俗而会意感慨、拍案叫绝。

然而，在思想开始远游和精神获得享受的同时，我们也随之感受到历史脚步的沉重和历史过程的曲折。社会每前进一步都是艰难的，都伴随着巨大的痛苦和付出。历史的伟大在于它最终走向进步，最终在血污中诞生了鲜活的"婴孩"。

历史有继承性和局限性，不能凭空创造。伟人也有血肉，他们的思想、行为因此注定了同样具有历史的局限性和阶级的、时代的烙印；他们的功业建立于千千万万广大人民群众伟大创造的基础上。历史是人民群众创造的，伟大的人物们是历史和时代造就的。同时，我们也无法否定此间他们个人的努力。这也正是我们编撰这套丛书的目的。

我们期盼着这套丛书得到社会的认同，对读者，特别是青少年读者之历史感、成就感和使命感的培养有所裨益。史海浩瀚，群

◆ **历史的丰碑丛书** ··

星璀璨。我们以对广大青少年读者负责的精神，精心遴选，以助力青少年成长进步，集结出版了《历史的丰碑》系列丛书，敬请读者批评、指正。

历史的丰碑丛书

编 委 会

1979年，罗马教皇约翰·保罗二世正式提出为意大利伟大的科学家伽利略恢复名誉。1980年教皇保罗二世亲自任命的一个委员会承认，天主教会压制伽利略的意见是错误的。由此，这宗长达300多年的科学历史上的著名冤案终于得到公允的解决。

　　在16~17世纪，科学还处于"宗教的婢女"的地位，政教合一，权力无限的教皇统治着整个意大利以及大部分欧洲。伽利略投身于科学的启蒙与实验的历史潮流，他以自己的发现，特别是天文学发现向宗教神学提出了挑战——第一次从根本上动摇了占统治地位的亚里士多德的自然哲学。神学作为亚氏自然哲学的庇护人，出面干涉伽利略的科学活动，最后把伽利略送上了宗教法庭。为了维护宗教神学的绝对权威，教会压制、摧残、拘禁伽利略，逼迫他认错。伽利略不畏强权、勇于斗争，最终冤死狱中。

目　录

大教堂里的沉思

感觉上升到想象，想象上升到悟性，
悟性上升到理智，理智上升到智慧。
——布鲁诺

　　伽里列奥·伽利略于1564年2月15日生于意大利的比萨。他的父亲文森西奥·伽利莱是一位音乐家，时常也做些小买卖贴补生活。伽利略的母亲叫吉乌利 亚·安曼娜娣，是一个知情达理的温柔妇女。伽利略是家里的老大，他有两个弟弟，4个妹妹。这是一个虽然拮据却充满快乐幸福的家。

　　16世纪是一个梦幻和严酷交织在一起的时代。它既延续着上两个世纪开始的文艺复兴的浪漫，又贯穿了宗教巩固自己统治地位和权力的疯狂。

　　16世纪初，欧洲出现了撞击式燧石枪。这种武器用燧石与铁砧或药池盖撞击迸发火星点燃火药进行射击。步枪的出现打碎了封建庄园主的迷梦，意大利最早出现了城堡式要塞，以抵御敌人的进攻，生产关系出现了较大的变化。各个经济繁荣的国家纷纷加强贸

易，以扩大海外市场为战略目标。

1504年，伟大的航海探险家哥伦布已经第四次远征洪都拉斯、哥斯达黎加和巴拿马，扩大了西班牙的殖民统治范围。

达·芬奇的神秘的《蒙娜·丽莎》和米开朗琪罗的雕塑《大卫》先后相继完成，拉斐尔的壁画《雅典学院》向公众开放。该画描绘了以柏拉图、亚里士多德为中心的古希腊哲学家、科学家及艺术家相互切磋、研究和讨论的场面，倡导了平等、交流和向知识进军的观念，成为意大利文艺复兴时代的代表作之一。

16世纪又是一个血腥的世纪。1508年西班牙人将非洲黑人运往美洲西印度群岛，罪恶的黑人奴隶贸易从此开始。次年英王亨利八世开始宗教改革，与罗马教皇决裂，没收教会财产，引起政治与宗教统治的武力冲突，动摇了宗教神权的地位。欧洲人的贸易舰队在印度洋击溃土耳其、阿拉伯和印度联合舰队，开始垄断东方贸易，打开了通向中国的海上大门。1513年，葡萄牙商人借口遇风，要求上岸晾晒货物，由此入居中国澳门，后窃据为其殖民地。

从16世纪开始，欧洲人的扩大疆域和追求知识的强烈欲望表现得淋漓尽致。由此，欧洲文化主宰了世界延至今天。

1572年，伽利略的父亲送他去上学。对这位聪颖的长子，伽利莱先生寄予厚望，希望他有一天能够成为一名医生。10岁那年，伽利略全家移居佛罗伦萨，这使他看到文化发达的世界。

在伽利略少年时代，教育就是在教会的修道院进行的。伽利略在佛罗伦萨上了几年学，后来被送到瓦

朗布罗萨古老的卡马多斯修道院。伽利略是班上最聪明的学生，老师对这位说比萨口音的小伙子十分满意。他不仅熟读经书典籍，手也很灵巧，喜欢绘画，还秉承父辈的天赋爱好音乐。

修道院里宁静的学习生活深深地吸引着伽利略，他勤奋用功，脑手并用。白天钻研图书经典，晚上动手制作一些物件和机器，它们有的能把笨重的东西从地上举起来，有的能汲水或用水流冲击转轮转动。

伽利略更喜欢佛罗伦萨的夜晚。

佛罗伦萨是一座风景优美的城市，阿诺河横贯城市，河流两岸有漂亮的建筑物，到处是巍峨的教堂和钟楼，祈祷歌颂之声不绝于耳；阿诺河从佛罗伦萨流经比萨注入蔚蓝色的地中海，美丽的桥梁横跨其上。

那时，意大利还不是一个统一的国家，而是由许多城邦国家组成的。佛罗伦萨、米兰、那不勒斯、都

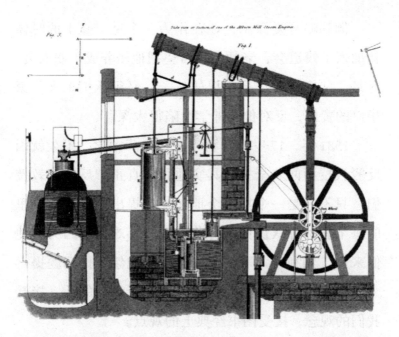

灵和罗马都是诸多重要城邦国的中心。一座硕大的城堡就是一座城邦，就是一个国家。

佛罗伦萨的夜晚是静谧怡人的。伽利略坐在室外观看星辰，他的心灵里充满了神妙的想法。他一方面敬慕造物主肃穆无语的存在，一方面又诘问着日月星辰的奥秘。

月亮是否像我们的世界一样？星星离我们是否比太阳近？光线最后射到哪里去了？……

当伽利略凝视着星光发呆时，曾受到其他同学的嘲笑，他们知道伽利略在试图寻找事物的答案，称他是"好做梦的伽利略"。

伽利略喜爱深思，他在作为一个见习修士的时候就加入了修道会，老师们也希望把他培养成圣职人员。可是，父亲认为他是家里的长子，必须承担未来养家糊口的责任，反对他在神学上陷得太深。

1581年，17岁的伽利略进入比萨大学，不久就因反驳教授而闻名全校。其实他并非真正"反驳"教授们，只不过是一个接一个地向他们提出问题。学校里的每个教师都认识他，有些教师不喜欢他，因为对他们来说，伽利略太聪明了。教师们抱怨：你问题提得太多了，你不过是一个孩子，应该听我们的话，接受我们的观念，接受图书经典上的观点。

不是伽利略有意为难他们，他头脑中的问题不断涌现，它们促使伽利略不断地质疑、追问、请教……

伽利略常去参观比萨大教堂，倾听那里沁人心脾的宗教音乐，欣赏教堂里的绘画、雕刻；那里的整洁、宁静，便于他思考问题。

有一天，伽利略坐在教堂里，看到一盏灯悬挂在一根很长的绳子上。他正在观察这盏灯时，一位教堂杂役走了过来，把灯点亮了。等他走后，灯还在晃动——来回摆动。

多么奇怪，怎么每次摆动的时间都是一样的。伽利略走过去推了一下灯，再仔细观察。开始，灯摆动的幅度很大，后来逐渐变小，但摆动幅度不论大小，所需的时间都是相同的。这本来是一件平常的事，悬挂在绳子上的物体千古以来不知要摆动多少次，人们已经熟视无睹了。伽利略好动脑筋，深入思索机械摆动，作出了科学的答案。

为了肯定这个观察结果，伽利略几次跑到教堂，他打算测定每次摆动所需的时间。他用数自己脉搏的方式去测定摆动时间。伽利略当时正在学医，因此他深刻了解脉搏的作用。就这样，伽利略在教堂里一面摸着脉，一面注视着灯的摆动。千真万确，不论摆动幅度大小，每次摆动所需的时间都相同。

伽利略没有满足于教堂里的沉思与观察。回到家里，他又找来细线和重物，拴在一起吊起来，让它们摆动。经过反复的测定，他找到了摆动和脉搏同步的运动状态。伽利略马上想到这会有助于医生的工作。伽利略动手做了个小仪器，送给老师。用这种仪器，医生就能迅速、正确地测定病人的脉搏，效果十分明显。伽利略将这个仪器复制了许多套，卖给医生。

在伽利略时代，只有中世纪后期开始使用的粗糙的摆轮钟。从1348年后一种称做多佛钟的计时器流行欧洲。在多佛钟的机械装置中有驱动锤、齿轮、棘爪等装置零件。伽利略深深地感到多佛钟的不准确性，他受制作第一个摆的启发，决心制作一种走时准确的时钟。

伽利略设计了多种不同转速的齿轮，设计了具有今天意义的擒纵器的雏形零件，以控制齿轮的不同摆动。伽利略向他的朋友完整地描述了新型钟的机械运动原理，画了时钟的图样，并在时钟制作报告中予以详细的说明。伽利略没有制成钟表就又忙于其他实验了。他像达·芬奇一样，头脑中的美妙想法浮想联翩，却只有少数得以实现。

后来，荷兰人受伽利略思想的影响，制成了一系列机械摆钟，在惠更斯手中达到了各种钟表的集大成。并于 1657 年取得了设计钟表的专利权。从此，按照伽利略原理设计的

带有钟摆的时钟，开始遍布欧洲，它们走得很准，有些钟已经走了几百年，现在还在走。

时钟的发明和完善，使人们能够客观精确地把握时间，为进行进一步的物理学实验打下了基础。许多教堂设立了时钟、座钟，也为宗教容忍科学实验提供了某种契机和沟通媒体。从漏壶(水钟)到摆钟，是时间计量上的一大进步。

伽利略从大教堂的沉思开始，踏上了科学实验和探索之路。教堂的灯盏给他以启迪，教堂也最早接受了按照伽利略原理设计的钟表，宗教对于科学并不是一开始就互相排斥的。甚至，在科学发展的早期，宗教有时还成为科学的庇护士，一些科学研究就是在宗教的赞助下进行的，一些著名的修道士本身就是学识修养俱佳的学者、科学家。从13世纪的罗吉尔·培根到19世纪的戈里哥尔·孟德尔，一些宗教学者也为科学做出了一定的贡献。

当伽利略到处追着老师提问题时，一些懒惰的老师把问题转嫁给其他老师，最终都援引到了欧洲最睿智博学的亚里士多德身上。教会也公认亚里士多德的论述都是真理。

伽利略从青少年时代开始，就对"永远正确的亚里士多德"产生了疑问：亚里士多德生活在2000多年

以前，从那时起，许多事物已经发生了变化，难道真理真的"决不会改变"吗？事实上，伽利略的疑问也困扰了自基督教诞生以来历代的许多人。伽利略借助科学实验，走出了这些困扰，走出了一条科学探索的道路。

↞亚里士多德

伽利略发明体温计

　　1591年，伽利略在威尼斯的帕多瓦大学任教。大学里的医生迫切需要一种能测量病人体温的仪器。伽利略就和学生一起做实验来解决这一难题。

　　伽利略的实验装置在现在看来是十分简单的。只是一个普通的透明容器，里面灌上冷水，外加一支老式的玻璃试管。

　　伽利略首先握住试管底部，用体温使管内空气受热膨胀，然后把试管倒插入冷水中，再把手松开，管内的空气就变冷收缩了。学生们惊奇地看到了管内水柱的上升。伽利略又用手握住试管，不一会儿管内的水柱又下降了。

　　伽利略给试管标上刻度和数字，然后让每个学生自己做实验。他们分别用手握住这个试管进行观察，发现管内的水几乎都下降到相同的

温度计

刻度，这说明正常人的体温是差不多的。如果人生了病，体温升高了，液柱将下降到比人正常时还低的刻度。这种极其简单的测温装置，可以说是世界上最早的体温计。

然而伽利略并不以此为满足，他认为水在冬季会结冰，容易涨破玻璃管，不是制造体温计的理想材料。于是，他又选用酒精。后来他又考虑到空气的压力，排除了玻璃管内的空气，并把测温物质密封起来，制成了更为实用的体温计。

望远镜是如何发明的

人们总是对不了解的事物充满了好奇，比如遥远天体的真面目究竟是什么样子的。于是，人们幻想有一种千里眼，能看清遥远的东西，1608年，千里眼终于被发明出来，这就是望远镜。

这一年，在荷兰的一个眼镜作坊里，一名学徒在玩耍，当他用一前一后两块镜片观察物体时，发现远处的物体离自己很近，受此启发他发明了望远镜。他的老板不失时机地将这一发明转化成商

望远镜

品，并把这一发明献给政府。有了这些望远镜的帮助，弱小的荷兰海军打败了强大的西班牙舰队，使荷兰人获得了独立。

　　荷兰人对这个发明采取了严密的封锁，但是有关望远镜的消息还是让伽利略知道了，他立刻意识到这种东西的价值和作用。经过细心研究，伽利略也独立发明出自己的望远镜。当这架天文望远镜缓缓扫过天空时，现代科学的帷幕缓缓拉开，有关天文学最基本的事实一个个被发现出来。人们说："哥伦布发现新大陆，伽利略发现新宇宙。"

　　伽利略的望远镜十分简单，它由两个镜片组成，前面的叫物镜，是一个边缘薄中间厚的透镜。具有放大功能。后面的叫目镜，镜片的中间薄周边厚，具有缩小功能。这样两个镜片配合一个圆筒组合在一起，就是一架最简单的望远镜。伽利略用它发现了木星的周围总是有四颗小星陪伴在左右，这就是木星的四颗卫星，又叫作伽利略卫星；他还发现土星好像长着一对大耳朵，那是土星的光环；他还仔细观察了月球的环形山。由于有了望远镜，人们终于知道，天上的银河原来是

由无数的星星组成。这些新发现，成为哥白尼日心说的有力证据。

伽利略发明时钟的故事

300多年前的一天，伽利略到比萨大教堂做礼拜。悬挂在教堂半空的一盏吊灯被门洞里刮来的风吹得来回摆动。这引起了他的注意，"奇怪，怎么每次摆动的时间都相同呢?"伽利略发出这样的疑问。为了确切地肯定每次摆动的时间相同，当时在学医的他忽然想到用自己的脉搏测试。"千真万确!"伽利略为自己的发现感到惊喜。接着他又想："吊灯要是大小不一样。摆的时间会有什么不同? 挂吊灯的绳子要是有长有短又会怎样呢?"回到家，伽利略做起了实验。结果发现摆动的快慢与物体的重量无关，当线长时摆动慢，当线短时摆动快。后来人们根据伽利略的发现，制成了时钟。

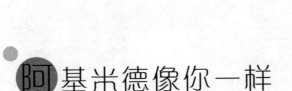

阿基米德像你一样

如果怀疑，立即去求证。
　　　　——圣奥古斯丁
人类不过是在黑暗中摸索的鼹鼠，可是却傲慢地认为自己已认识了无限的宇宙。
　　　　——拉美特利

伽利略生活于意大利文艺复兴最辉煌的时代。

比萨和佛罗伦萨位于意大利北部，都属于托斯卡纳公国，由封建制大公统治。大公居住在繁华的佛罗伦萨，世代是梅迪奇家族成员。300年来，梅迪奇家族一直是佛罗伦萨的首脑。这个家族富有、聪慧、开放，是意大利文艺复兴的主要监护者。当时，科学家、艺术家、教育家和作家正在用新思想考虑问题，欧洲最好的艺术家和科学家都活动在意大利。在其他国家，艺术家由于贫穷而过着潦倒困苦的生活，但在意大利，教皇和一些贵族却愿意帮助他们。梅迪奇家族给艺术家们以特殊资助。但丁和薄伽丘就是生活在佛罗伦萨。从1469～1492年期间，梅迪奇家族的洛伦佐担任佛罗

伦萨的托斯卡纳大公国的大公时，佛罗伦萨涌现出了如达·芬奇、米开朗琪罗等最伟大的艺术家和科学家。

如果你今天到意大利佛罗伦萨，依然能看到这些永恒的大师们的杰作。

伽利略就是在这样的氛围中成长起来的。伽利略知道，他也需要一个有钱的资助者。在近代科学发展的初期，要想研究科学没有一定的财力、物力是绝对不可以的。

伽利略好学好问，在攻读医学学科时就决心进行科学研究，他整天在公共图书馆中苦读。每年冬天，托斯术卡纳大公都要到比萨城小住几个月避寒。这一期间，随侍的人员中有个名叫里奇的老师，专门为大公的孩子及其朋友们讲课。里奇是伽利略家的朋友，是一位很有丰富教学经验和数学才能的人，有几次他允许伽利略坐在门旁，听他讲课。

1585 年伽利略家经济困难，他被迫中途辍学，离开心爱的比萨大学。伽利略的父亲十分惋惜，因为他的儿子不能当医生了。对这些伽利略却并不真地感到遗憾，里奇的数学已经给他打开了一扇通向美妙世界的大门。

里奇十分钟爱这位聪慧的学生，辅导他学习数学，借书给他看，还告诉他一定得读阿基米德和欧几里得的著作。里奇十分善于启发受教育对象，他对伽利略说，虽然他们是古人，但他们发现的真理直到今天仍然有指导意义，阿基米德像你一样，他一直在做实验。

伽利略被老师风趣的话逗得哈哈大笑，他们两人都十分熟悉"阿基米德洗澡"的那个充满风趣、幽默和智慧的故事。

叙拉古国王十分欣赏阿基米德的物理学才华，把一顶金皇冠交给阿基米德检验纯度，阿基米德一时不知从何下手。一天洗澡时，突然受到人进入水中，盆中水溢出盆外的启示，悟出度量金皇冠体积的方法。他忘记穿衣服，裸着身体，口里大喊"尤里卡（找到了，知道了!）""尤里卡"，他穿过繁华的街市，径直地跑进实验室，一举解决了难题。

在欧洲，"尤里卡"几乎是家喻户晓的名词，人们敬重阿基米德，把他视为智慧之星。

伽利略十分喜爱这个故事，更喜爱阿基米德。怎样才能继续做阿基米德的工作呢?伽利略开始以里奇的

测量路面距离的测程器

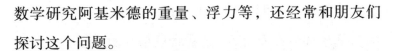

数学研究阿基米德的重量、浮力等，还经常和朋友们探讨这个问题。

朋友们十分了解伽利略的性格，他认准的方向是绝对不会轻易改变的。他们开玩笑地称伽利略是"佛罗伦萨城的阿基米德"。有一天，伽利略问朋友们，为什么物体在空气里和水里重量不一样，在空气中8磅的东西，放在水里只有7磅。这是两个问题，即为什么物体在水里会失去重量？物体在水中会失去多少重量？

一个朋友问阿基米德对此怎么说？伽利略告诉大家，阿基米德只回答了第二个问题，第一个问题阿基

米德没能回答。朋友们几乎异口同声地说："佛罗伦萨的阿基米德怎么看呢？"伽利略只是笑而不答，几个心急的朋友都跑回家去做实验了。

原来，伽利略已经研究重力了。他把使抛向空中的球笔直地落下的力定义为重力。他仔细研究了重力与重心的关系，得到了许多前人不曾有过的认识。

伽利略把这些研究内容撰写成一篇报告，请里奇老师指正，里奇对此十分赞赏。他把这篇题为《论重心》报告呈送大公费迪南德一世过目。大公看后，非常喜欢，举荐伽利略去比萨大学担任数学教授，虽然年俸较少，却能供他继续做研究和实验了。

1589年，25岁的伽利略走马上任，比萨大学的某些教师依然不喜欢他。但是，大公赏识他，学生们喜欢他、拥戴他。

伽利略教授受到学生的热情欢迎，不仅由于他年轻、谦虚，而且由于他回答问题总是诉诸于实验，而不是诉诸于宗教经典或什么不容置疑的权威。一些最有才华的学生经常帮助伽利略教授做实验，并以此为最高荣誉。学生们把伽利略视为"教皇"，对他极为尊重，这常常引起一些平庸教师的嫉妒。

第二年，按照比萨大学的惯例，伽利略撰写了一篇《论重力》的长篇论文。一篇普通论文往往像小草一样自生自灭。可是，伽利略的论文，首先引起同事们的气愤，他们愤怒于这位乳臭未干的小青年，竟敢对亚里士多德的若干观点提出质疑。

那时，亚里士多德是公认的绝对权威，是真理的化身，旗帜鲜明地指出亚里士多德的错误，这在现代人看来可能没什么，可是300多年前的当时，却立刻引起轩然大波。为了捍卫亚里士多德的尊严，许多人结成了反对伽利略的联盟，尽管其中有些人也许并不真正知晓亚里士多德。

亚里士多德哪里值得质疑？好在有大学教师的职业的约束，否则有些人会对伽利略不客气。几个资深的教授把人们的愤怒化为利箭般的问题。伽利略面无惧色地说，亚里士多德认为重的物体落地快，轻的物体落地慢，这种结论不正确。正确的说法应该是，取两块任何物质做的物体，不论轻重，如果将它们同时往下扔，它们会一块儿落地。

请尊贵的伽利略先生证明这一点！愤怒的教师叫嚷道。轻柔的羽毛会同沉重的铁块一起落地？简直是痴人说梦，不值一驳。

当一位物理学教授把这一推论告诉大家时，连愤怒得最厉害的人们都讥笑着离去。他们认为，伽利略一定是发疯了。

望着渐渐散去的人们，伽利略用响亮然而平静的声音说，没有根据我是不会这样说的，如果你们需要证明，请明天中午到比萨斜塔去吧。

头脑僵化的人们不管伽利略说什么，还是头也不回地离去了。

伽利略教授的支持者还是不乏其人的。年轻、热

情且充满好奇心的大学生们仍然拱卫着年轻的教授。年轻人都受到社会各种各样的束缚和限制，因此他们最有叛逆性。

伽利略教授平时的实验就十分吸引人，况且这又是一次挑战性的实验，一定精彩之极。

到比萨斜塔去!大学生们奔走相告。

同佛罗伦萨相比，比萨要小得多。但比萨有座著名的塔，建于1173年，塔身高达59米。伽利略常爬上塔顶，一览比萨的风光。由于塔基太软，建成后不久塔身就开始倾斜。这座塔因斜而不倒名闻天下，成为南欧人旅游观光的好去处。从斜塔顶向下抛掷硬币，早就是比萨游客的保留节目。这里成为伽利略教授进行落体实验的理想场所。

第二天，伽利略如期来到斜塔做实验。有些人跟着他登上了塔顶，有些人留在塔下面。

伽利略首先拿起两个重量相差10倍的铁球同时扔下塔去，结果引起了人们的欢呼。

接着伽利略又拿出一个铁球和另一个木球，它们的重量也不相同，但两个异质的球体确确实实同时落地。人们的欢呼声响彻四方。

这次公开实验证明伽利略是正确的，也揭示了亚里士多德认识的局限性。

固执和守旧的教授们认为伽利略一定要了什么花招，塔上一位性急的教师在扔下铁球的同时，扔下了一顶礼帽，他大喊道，还是轻的东西后落地，你们不信吗？请看实验结果。正说着一阵大风把它的纱质礼帽从半空中吹跑了。他又大喊，我的帽子。看到这一情景，连那些反对者也笑出了眼泪。

一般人以为这是一场正剧之后的闹剧，一笑了之。可心细如丝的伽利略却看到了其中的奥妙。

比萨斜塔实验结束后，大学生们像簇拥教皇一样，

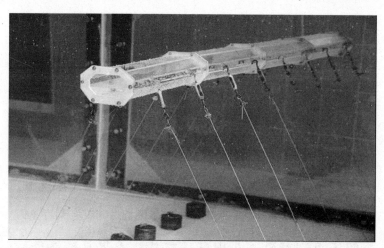

把伽利略送回家。唱着歌子散去了。

伽利略的学生们把他的报告，抄写许多份分送或寄给各国科学爱好者。所以，斜塔实验为伽利略结交了许多朋友。

通过实验，伽利略研究计算出了自由落体的加速度。根据那位调皮的"帽子教授"（学生们私下送给他的绰号）的反驳，伽利略意识到自由落体的结论是在特定条件下才成立。空气不允许每个物体以同样速度下落。例如，一张纸下落时就相当慢。可见，自由落体的定律及公式只有在真空中才是精确无误的。

什么是真空呢？

伽利略为了使重力与自由落体之间关系更加精确，同时具有普适性，开始进入真空世界。

违背自己的意愿去经商

1564年2月15日，伽利略·伽利雷出生在意大利西海岸比萨城一个破落的贵族之家。据说他的祖先是佛罗伦萨很有名望的医生，但是到了他的父亲伽利略·凡山杜这一代，家境日渐败落。凡山杜是个很有才华的作曲家，生前出版过几本牧歌和器乐作品，他的数学也很好，精通希腊文、拉丁文和英语，但是美妙的音乐不能填饱一家人的肚皮，他的数学才能也不能给他谋到一个好职位。大约在小伽利略出生不久，凡山杜在离比萨城不远的佛罗伦萨开了一间卖毛织品的小铺子，这完全是不得已的办法。但是为了维持一家人的生活，凡山杜只好违背自己的意愿去经商。

在校专心学习

小伽利略最初进了佛伦勃罗萨修道院的学校。在这所学校，他专心学习哲学和宗教，有段时间，小伽利略很想将来当一个献身教会的传教士。但是凡山杜听到这个情况后，立即把儿子带回家，他劝说伽利略去学医，这是他为儿子的未来早已设计好的一条路。

17岁那年，伽利略进了著名的比萨大学，按照父亲的意愿，他当了医科学生。比萨大学是所古老的大学，学校图书馆藏书丰富，这很合伽利略的心意，但是伽利略对医学并没有多大兴趣，他很少上课，一上课就对教授们教课的内容提出这样那样的疑问，使教授们难于回答，在教授们的眼里，伽利略是个很不招人喜欢的坏学生。不过，伽利略只是兴趣不在医学，他孜孜不倦地学习数学、物理学等自然科学，并且以怀疑的眼光看待那些自古以来被人们奉为经典的学说。

伽利略生活的时代

要知道，伽利略生活的时代，正是欧洲历史上著名的文艺复兴时代，而意大利又是文艺复兴的发源地。当时，意大利的许多大城市，如佛罗伦萨、热那亚和威尼斯，发展成东西方贸易的中心，建起了商号、手工作坊和最早的银行，出现了资本主义生产关系的萌芽。加上贸易往来的发达，印刷术的发明，新思想的传播比以往任何时候都更加迅速。于是，人们对千百年来束缚思想的宗教神学和传统教条开始产生了动摇。

一个偶然的机会

伽利略听了宫廷数学家玛窦·利奇的讲课。这位青年数学家渊博的学识，严密的逻辑性，特别是他在证明数学难题时的求证方法，使伽利略深深着迷。他眼睛亮了，仿佛发现了一个神奇无比的世界，这就是他梦寐以求的数学王国！他兴奋极了，立即找到宫廷数学家玛窦·利奇，向他提出了许多百思不得其解的问题。

玛窦·利奇原是跟随托斯坎尼大公爵从佛罗伦萨来到比萨的，他给宫廷里的侍童讲数学，没有想到会有一个热心的听众，而且他提出的问题非常有趣，充分显示出超群的智慧和深厚的学识功底。

当玛窦·利奇听说伽利略是比萨大学医科学生时，不禁脱口而出："啊，伽利略，你有天才，你会成为一个杰出的数学家的。"

伽利略的脸红了，他谈到自己对医学的厌倦，谈到父亲对他的期望，也倾诉了自己因为不能按照自己的意愿学习的苦恼。

"别泄气。"玛窦·利奇和蔼地说："你努力自学吧，有什么困难，任何时候我都是你忠诚的朋友。"

重复做试验

有一次，伽利略信步来到他熟悉的比萨大教堂，他坐在一张长凳上，目光凝视着那雕刻精美的祭坛和拱形的廊柱，蓦地，教堂大厅中央的巨灯晃动起来，是修理房屋的工人在那里安装吊灯。

这本来是件很平常的事，吊灯像钟摆一样晃动，在空中划出看不见的圆弧。可是，伽利略却像触了电一样，目不转睛地跟踪着摆动的吊灯，同时，他用右手按着左腕的脉，计算着吊灯摆动一次脉搏跳动的次数，以此计算吊灯摆动的时间。

这样计算的结果，伽利略发现了一个秘密，这就是吊灯摆一次的时间，不管圆弧大小，总是一样的。一开始，吊灯摆得很厉害，渐渐地，它慢了下来，可是，每摆动一次，脉搏跳动的次数是一样的。

伽利略的脑子里翻腾开了，他想，书本上明明写着这样的结论，摆经过一个短弧要比经过长弧快些，这是古希腊哲学家亚里士多德的说法，谁也没有怀疑过。难道是自己的眼睛出了毛病，还是怎么回事。

发现了"摆"的运动规律

他像发了狂似的跑回大学宿舍，关起门来重复做这个试验。他找了不同长度的绳子、铁链，还有不知从哪里搞到的铁球、木球。在房顶上，在窗外的树枝上，着迷地一次又一次重复，用沙漏记下摆动的时间。最后，伽利略不得不大胆地得出这样的结论：亚里士多德的结论是错误的，决定摆动周期的，是绳子的长度，和它末端的物体重量没有关系。而且，相同长度的摆绳，振动的周期是一样的。这，就是伽利略发现的摆的运动规律。

伽利略不用说多么高兴了。可是在当时，有谁会相信一个医科大学生的科学发现，何况他的结论是否定了大名鼎鼎的亚里士多德的权威说法。

就在这时，凡山杜的铺子里越来越不景气，

听说伽利略并没有按照自己的意愿学习医学，而是成天迷恋着不相干的实验，于是，严厉的父亲决定停止伽利略继续上大学，让他回家去当一个店员。

伽利略灰心极了，他离开了比萨大学回到佛罗伦萨。但是他选择的道路却是不可动摇的。

"脉搏计"

可以用来测量病人的脉搏跳动的仪器，很受医生的欢迎。现在，在父亲的铺子里，谈不上实验的条件，但他仍然用一些日常的器具来做实验，尽管这样做免不了只要挨父亲的骂，他还是照干不误。

他从阿基米德检验国王皇冠的实验中受到启发，一面重复这个实验，一面想到这种方法的用途。当时欧洲各国的航海事业正在兴起，航海业带动了造船业和机械制造、采矿、冶金的发展，反过来又向科学技术提出许多新的问题。伽利略于是把他的注意力转向合金的物理和力学性质的研究，不久，他通过测定物体在水中的重量发现，物体投入水中减轻的重量，刚好等于它排开的水的重量。在这个重大发现的基础上，伽利略发明了一种比重秤，可以很方便地测定各种合金的比重。他还写了一篇论文，详细地介绍了比重秤的构造原理和使用方法。这件事，很快就在佛罗伦萨和其他城市传开了。

1589年夏天，在佛罗伦萨的店铺里度过了4年自学生活的伽利略，由于得到宫廷数学家玛窦·利奇的鼓励，特别是贵族盖特保图侯爵的推荐，他终于获得了比萨大学数学和科学教授的职位。这时，他只有25岁。

现在，伽利略可以不必为生活发愁了，虽然工资不高，但是他可以在完成日常教学之外，专心从事他向往的科学研究。就在这不久，伽利略进行了本文一开头介绍的自由落体实验，他在比萨斜塔上扔下的铁球（后来经过严谨的证明，伽利略并没有来比萨斜塔上进行实验），不仅证明了不同重量的物体由同一高度下落时速度是相同的，更重要的是，这个大胆的结论推翻了亚里士多德的权威结论。在那些思想保守、头脑僵化的人眼里，这个举动无异于挖了他们的祖坟，亚里士多德的信徒们与伽利略开始势不两立了。在比萨大

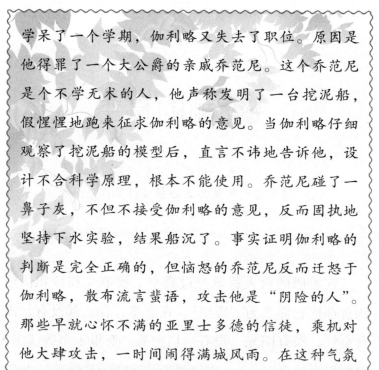

学呆了一个学期，伽利略又失去了职位。原因是他得罪了一个大公爵的亲戚乔范尼。这个乔范尼是个不学无术的人，他声称发明了一台挖泥船，假惺惺地跑来征求伽利略的意见。当伽利略仔细观察了挖泥船的模型后，直言不讳地告诉他，设计不合科学原理，根本不能使用。乔范尼碰了一鼻子灰，不但不接受伽利略的意见，反而固执地坚持下水实验，结果船沉了。事实证明伽利略的判断是完全正确的，但恼怒的乔范尼反而迁怒于伽利略，散布流言蜚语，攻击他是"阴险的人"。那些早就心怀不满的亚里士多德的信徒，乘机对他大肆攻击，一时间闹得满城风雨。在这种气氛中，伽利略无法在比萨大学待下去了。

　　伽利略再一次求助于盖特保图侯爵。这位珍惜人才的贵族再一次伸出友谊的手，他运用自己的影响，把伽利略推荐给帕多瓦大学，帕多瓦是意大利北部一个学术空气浓厚的小城，距离美丽的海滨城市威尼斯不远，属于威尼斯共和国管辖。1592年，28岁的伽利略被任命为帕多瓦大学的数学、科学和天文学教授。

神秘的真空

> 人类的一种亘古不变的弱点，就是把他们自己失败的原因推诿给那些完全无法由他们掌握的力量。
>
> ——汤因比

古希腊的哲人就研究过真空。德谟克利特和伊壁鸠鲁都把它称之为"虚空"。在那里，什么都没有，没有空气，没有阳光，没有一切物质。亚里士多德认为，自然界害怕真空。

神秘的真空曾长期困扰人们。

有一天，伽利略有一台重力仪器破了，师生几人怎么也修不好。一位学生赌气地说，一定是真空在这里作怪。话题一扯到真空，学生们又

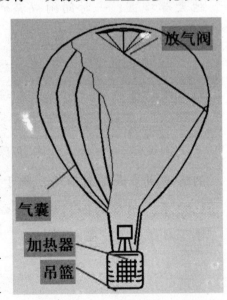

放气阀

气囊

加热器

吊篮

围着伽利略教授问了起来。什么是真空呢？真空就是一点空气都没有的空间。你们自己可以检证真空的存在。拿起一根细玻璃管，把底部放入水中。如果你吮吸管子上端，就能把管子中的水吸上来对吗？

伽利略平易浅显的例子，一下子说服了学生们。

管子里有空气，把其中的空气吸走，管内就成了真空，

水就升上去把真空填满……

学生们满意地离去了。

可是，伽利略却十分不满意，为什么水会填满真

空呢？怎样才能制成一个真空呢？抽水机可以抽气吗？伽利略的脑海里一连串的问号，让他苦恼。他无法排遣这些苦恼。真空困扰着伽利略，看来，只有实验能够帮他。

伽利略时代，人们为了生产更多更好的产品，把矿井挖得很深，可是不管技师多么高明、多么努力，抽水机始终不能把超过10米深的矿井中的水抽到地面上来。

这段时间，一个名叫巴安尼的机械师认真请教伽利略：为什么虹吸管在跨越了比较高的山坡后竟不能工作？为什么抽水机不能把超过10米深的坑水抽上来？空气真有重量吗？真空是否存在？朴实的机械师的问话，很长时间萦绕在伽利略的心头。

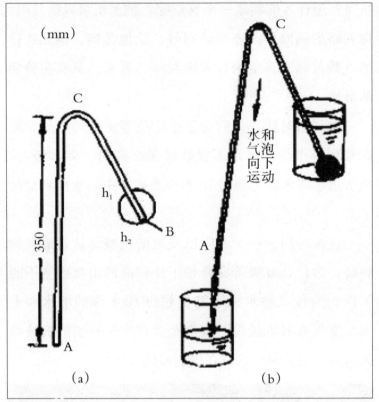

（a）　　　　　　　　　（b）

　　通过虹吸管试验，伽利略意识到空气可以迫使水运动。水之所以可以克服重力，沿着玻璃管上升，是因为空气把管子中的水往上压，空气有重量，总是有推动力的。

　　沿着这一思路发展下去，必然走入大气压强的科学认识领域。到了晚年，伽利略的一位学生托里拆利成功地解决了这一问题。

　　1639年，托里拆利成为伽利略门下一名勤奋的学生。受伽利略影响，托里拆利进入了研究真空的领域。伽利略此前研究已经表明，比重不同的液体，用抽水机提升的高度不同。这一论点启发了年轻有为的托里拆利，他试用了各种能够找到的液体，最后用水银柱代替以往试验的水柱，使他发现了步入大气压强研究的大门。

过去使用水柱测定压强需要10米左右高度，根本不可能进行实验，使用水银柱一下子将液体高度减至1米左右。

托里拆利在一根长为1米、一端封闭的玻璃管内装满水银，用手指封住管口将其倒立于水银槽内，然后放开手指，则原来达到管顶的水银下降到76厘米的高度，玻璃管中水银柱上面24厘米的小空间即是真空。这是人类首次有意识地造成的真空状态，它通常被称为"托里拆利真空"。

托里拆利真空既证明了空气确实有重量，又为人类研究真空提供了条件。托里拆利继承了伽利略的研究传统。遗憾的是，托里拆利39岁就离开了人世。现在，物理学的压力单位还是托里拆利，简称"托"。

对于真空的研究，批驳了依靠幻想制造出来的"自然害怕真空"说，对宗教神学产生了冲击。这些研究还促进了人类对于抽气机的研制，对空气压缩、液

体输送等行业产生了巨大的影响，推动了生产的进步。

这些也正是伽利略原来研究真空的动机。

伽利略开创的对空气及真空的研究，不仅在意大利盛开了"托里拆利之花"，而且在英国结出了"玻义耳之果"。英国著名科学家也通过空气泵等实验研究，进入空气性质研究，最终得到和发现了著名的"玻义

耳气体定律"，为现代气体科学奠定了基础。

从伽利略开始，人们从两个方面研究空气与真空。一方面是无真空而有空气的状态；另一方面是有真空而无空气的状态，即把真空与空气作为相互依赖的对象来加以研究。理论工作者普遍对空气与真空的性质极感兴趣，应用工作者则更看重两者的实际应用。

利用空气的浮力，1783年，法国蒙特哥尔菲埃兄弟建造了一个巨大的气球，这只气球可以载人，实现了人类登天之梦。1901年，德国科学家乘坐气球飞行到了10 000米的高空。1903年，美国怀特兄弟制造了第一架装有引擎的飞机，实现了人类快速飞行的梦想。

利用真空的特殊性质，英国杜瓦发明了真空冷藏技术，获得了极低的低温；日常生活用的保温瓶，就是杜瓦瓶原理衍生的结果。此外人类还实现真空冶炼、真空焊接等高难技术。在真空中拉制的硅片已经成为当代电子芯片的必不可少的材料。

未来人类的航天行走等活动都离不开与真空打交道。

人物遭遇

1615年冬季的一天，天气寒冷异常，天空笼罩着阴沉的乌云，伽利略孤身一人来到罗马。5年前的1610年，伽利略告别了帕多瓦大学，回到佛罗伦萨，担任了托斯坎尼公国的宫廷数学家和哲学家，兼任比萨大学的数学教授。也就在这年，他曾经访问过罗马，受到热情的接待和规格很高的礼遇。他在天文学上一系列新发现和望远镜的发明，受到罗马教皇保罗五世的重视，罗马的贵族和科学家也以结识他而感到荣耀。可是，仅仅事隔5年，罗马的脸孔完全变了，没有鲜花和笑脸，到处是冷漠的没有表情的面孔，连熟悉的人也像躲避瘟疫似的离他远远的。

发生了什么事情？原来这一次，伽利略的名字上了罗马宗教裁判所的黑名单，他是被臭名昭著的宗教裁判所传讯到罗马来接受对他的审讯的。

伽利略犯了什么罪呢？这话要从头说起。

15、16世纪的欧洲，正是封建社会向资本主义社会转变的关键时期。长期以来，为了巩固封建统治的秩序，神权统治的欧洲，用神学代替了科学，用野蛮代替了自由。神学家们荒诞地宣称，宇宙是一个充满"各种等级的天使和一个套着一个的水晶球"，而静止不动的地球就居于这些水晶球的中心。他们推崇古希腊天文学家托勒密的"地球是宇宙中心"的学说，因为在神学家看来，太阳是围绕地球运转的，因为上帝创造太阳的目的，就是要照亮地球，施恩于人类。这是永恒不变、颠扑不破的真理。

为了维护这个荒谬的理论，天主教会的宗教裁判所不惜用恐怖的暴力对付一切敢于提出异议的人们。1327年，意大利天文学家采科·达斯科里活活被烧死，他的罪名只不过说了地球是球状，在另一个半球上也有人类居住，却因违背圣经的教义惨遭迫害。1600年2月17日，意大利哲学家布鲁诺，在罗马百花广场被活活烧死，也是因为他到处宣传了哥白尼的学说，动摇了地球中心说。

伽利略是布鲁诺的同时代人，早在帕多瓦大学执教时，他就读过哥白尼的著作《试论天体运行的假说》（又名《天体运行论》）。这位杰出的波兰天文学家在这本书中大胆地提出太阳是太阳系的中心，地球和其他行星都围绕着太阳运转的理论，即太阳中心说，一开始就引起伽利略的极大兴趣。但是伽利略是个科学态度十分严肃的学者，他想，过去都说是太阳围着地球运转，哥白尼却提出相反的看法，到底哪一个正确呢？伽利略没有轻率地下结论，他决定用自己的望远镜来证实谁是谁非。

当伽利略的著作《星际使者》出版时，他已是一个哥白尼学说坚定的支持者了。伽利略通过自己的观测和研究，逐渐认识到哥白尼的学说是正确的，而托勒密的地球中心说是错误的，亚里士多德的许多观点也是站不住脚的。伽利略不仅发表了批驳亚里士多德的论文，还通过书信毫不掩饰地支持哥白尼的学说，甚至把信件的副本直接寄给罗马教会。在伽利略看来，科学家的良心就是追随真理。

但是，罗马教廷是决不会放过伽利略的，他们先是对伽利略发出措辞严厉的警告，继而把他召到罗马进行审讯。1616年2月，宗教裁判所宣布，不许伽利略再宣传哥白尼的学说，无论是讲课或写作，都不得再把哥白尼学说说成是真理。

伽利略不会忘记，16年前布鲁诺就是被这些披着黑色道袍、道貌岸然的上帝的卫道士活活烧死的。他如果敢于反抗，下场绝不会比布鲁诺更好。

在教会的威胁下，伽利略被迫作了放弃哥白尼学说的声明。他怀着极其痛苦的心情回到佛罗伦萨，在沉默中度过了好些年。

但是伽利略的内心深处并没有放弃哥白尼学说，相反，继续不断的观测和深入研究，使他更加坚信哥白尼学说是完全正确的科学理论。在佛罗伦萨郊外的锡尼别墅里，伽利略过着与世隔绝的生活，他的身体大不如前，病魔在残酷地折磨他，但是他依然念念不忘宣传哥白尼的学说。经过长久的酝酿构思，用了差不多5年时间，一部伟大的著作《关于两种世界体系的对话》终于诞生了。

《关于两种世界体系的对话》表面上是以三个人对话的形式，客观地讨论托勒密的地心说与哥白尼的日心说，对谁是谁非进行没有偏见的探讨。但是当这本书好不容易在1632年2月出版时，细心的读者不难看出，这本书以充分的论据和大量无可争辩的事实，有力地批判了亚里士多德和托勒密的错误理论，科学地论证哥白尼的日心说，宣告了宗教神学的彻底破产。

很快，嗅觉比猎狗还灵的教会嗅出了这本书包含的可怕思想，从字里行间流露出来的大胆结论使神学家们感到极大恐慌。那些早就对伽利略心怀不满的学术骗子立即和教会勾结，罗织罪名，阴谋策划，为迫害伽利略大造舆论。

科学和神学不可调和的斗争爆发了。1632年8月，罗马宗教裁判所下令禁止这本书出售，并且由罗马教皇指名组织一个专门委员会对这本书进行审查。伽利略预感到大祸临头，果然，到了10月，他接到了宗教裁判所要他去罗马接受审讯的一纸公文。

这时候的伽利略已是69岁的老人，病魔缠身，行动不便，许多关心他的人到处为他说情，但是罗马教皇恼怒地说："除非证明他不能行动，否则在必要时就给他戴上手铐押来罗马！"

就这样，1633年初，伽利略抱病来到罗马。他一到罗马便失去自由，关进了宗教裁判所的牢狱，并且不准任何人和他接触。

人类历史上一次骇人听闻的迫害就这样开始了。在罗马宗教裁判所充满血腥和恐怖的法庭上，真理遭到谬误的否决，科学受到神权的审判。那些满脸杀机的教会法官们，用火刑威胁伽利略放弃自己的信仰，否则他们就要对他处以极刑。

年迈多病的伽利略绝望了，他知道，真理是不可能用暴力扑灭的。尽管他可以声明放弃哥白尼学说，但是宇宙天体之间的秩序是谁也无法更改的。

在审讯和刑法的折磨下，伽利略被迫在法庭上当众表示忏悔，同意放弃哥白尼学说，并且在判决书上签了字。

"为了处分你这样严重而有害的错误与罪过，以及为了你今后更加审慎和给他人做个榜样和警告，"穿着黑袍的主审法官当众宣读了对伽利略的判决书，"我们宣布用公开的命令禁止伽利略的《关于两种世界体系的对话》一书；判处暂时正式把你关入监狱内，根据我们的意见，以及使你得救的忏悔，在三年内每周读七个忏悔的圣歌……"

伽利略的晚年是非常悲惨的。这位开拓了人

类的眼界，揭开了宇宙秘密的科学家，1637年双目完全失明，陷入无边的黑暗之中。他唯一的亲人——小女儿玛俐亚先他离开人间，这给他的打击是很大的。但是，即使这样，伽利略仍旧没有失去探索真理的勇气。1638年，他的一部《关于两门新科学的讨论》在朋友帮助下得以在荷兰出版，这本书是伽利略长期对物理学研究的系统总结，也是现代物理的第一部伟大著作。后来，宗教裁判所对他的监视有所放宽，他的几个学生，其中包括著名物理学家、大气压力的发现者托里拆利来到老人身边，照料他，同时也是向他请教。他们又可以愉快地在一起讨论科学发明了。

真理的燧石

我情愿落在大家后面坚持正确思想，
而不愿站在别人前面不假思索地出尔反尔、
自食其言。

——伽利略

纵观伽利略
的一生，在日常
生活中他十分善
于处理人际关
系，结交了一大
批挚友。上至教
皇、大公和显赫
的贵族，下至学
子、佣人和市井
民众，无不称赞
伽利略的为人，
他们深深爱着这
位伟大的科学

家。可是在学术生活中他却极不善于处理学者之间的关系，到处结怨，无处不树敌。这在科学史上，被看成是个比较怪异的现象。

其实，答案十分简单。在生活中，伽利略热爱人类，信任每一个人，他敦厚和蔼，富于爱心，极易获得朋友；在学术中，伽利略热爱真理，怀疑每一个似是而非的结论，他认真思索，容不得半点虚假，完全以批判家的身份审视客观事物及人类认识过程，因而，极易树立异己。

1592年，当比萨大学的聘期届满时，帕多瓦就宣

布以3倍于比萨大学的薪水，聘任伽利略为该大学数学教授。帕多瓦大学早就为伽利略的出色教学与研究倾倒，这一次捷足先登了。

帕多瓦大学以其医学院闻名于整个欧洲。近代解剖学的奠基人维萨留斯曾在此执教，著名血液循环的发现者哈维的老师法布里修斯已经成为这里的医学教授。帕多瓦大学的哲学也有极大的影响，数学方面更是在意大利各大学中咄咄逼人。这是一所著名的大学。

帕多瓦距美丽的水上城市威尼斯陆路不过30公里，一直由威尼斯大公管辖。威尼斯政府远比意大利其他各邦开明，这对于帕多瓦大学的发展十分有利。帕多瓦社会上层还有一个知识团体在活跃地开展活动，

参加者有博物学家、修道士、贵族官吏、大学教授以及文人墨客。

　　1600年，当罗马宗教法庭处以伟大的哲学家布鲁诺火刑时，帕多瓦大学还在自由探讨科学问题。可见，威尼斯治下的帕多瓦是十分有利于伽利略探索自然奥秘的。伽利略也愿意前往教学。

　　自从父亲去世以后，伽利略担起抚养弟妹的重担，当时经济拮据，家庭生活入不敷出。为了弥补家庭开支不足，伽利略当上了私人家庭教师，这占去了他许多宝贵时间。时间是伽利略从事实验的宝贵财富，它的含金量是任何财富都无法替代的。帕多瓦大学的聘书像及时雨一样，使伽利略逃脱了窘境。

　　在帕多瓦大学，伽利略为来自各国的青年贵族开设了军事建筑学、筑城学、测量学、力学，以及一些大学课程中没有的其他有关科目。

　　1543年，哥白尼的《天体运行论》出版后，伽利略逐步对新天文学发生兴趣。此后，围绕着哥白尼新天文学的争论，伽利略都积极参与。1597年，意大利

马佐尼写了一本将柏拉图与亚里士多德加以比较的著作，其中含有反对哥白尼天文学的谬论。伽利略写一封长信对此进行批驳。这是伽利略第一次表示偏爱哥白尼学说。

这一阶段，丹麦天文学家第谷·布拉赫在著名的"汶岛天文堡"进行了长达20年的天文观测。后来，开普勒向伽利略建议，如果具备精密仪器，最好做些天文观测，目的是通过恒星视差证实地球公转。

伽利略在16世纪末到17世纪初的时候，与美丽贤惠的威尼斯姑娘甘芭结合，组成了一个美满幸福的家庭。科学研究有了物质生活的保证以后，伽利略就像一架开足马力的机器进入了高速运转的状态。

那是1604年10月，当伽利略与一位名叫萨比的修道士讨论热烈时，一颗超新星出现在傍晚的天空，引起了人们普遍的注目。所谓超新星，实际上就是一颗星星突然亮度增加许许多多倍，一般是遥远宇宙中星体剧烈爆发而引起的星相。一颗普普通通、貌不惊人的星星突然急剧变亮，必然引起人们的议论和猜测。

中国人早在公元前14世纪，就发现并记录了新星，殷代甲骨卜辞中记载着世界上最早的新星。公元1006年4月3日，宋代人描述了当时出现的超新星发生变化的始末，这是世界上公认的第一个变光星的记录。

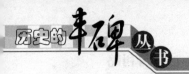

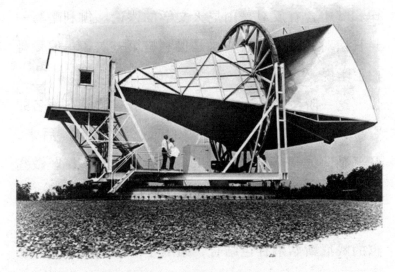

西方人根据亚里士多德的基本原理，认为天空历来是恒定不变的，因为天上的一切都是由完美无瑕、不可改变的所谓"精华物质"构成的。当时的自然哲学家们认为，超新星甚至彗星的出现不是天文事件，而是位于月球以下的元素区域的气象变迁，超新星不过是没有彗尾的一颗彗星。

伽利略也被像宝石一样的超新星所吸引，他写信给其他城市的天文学家，并把他们的观察与自己的观察做了比较，发现这颗超新星没有明显的视差，无论从什么角度看，它相对于附近恒星的位置都是一样的。也就是说，它离我们不可能像月亮那样近。

天空的奇异现象总是激起人们的极大兴趣，伽利略应邀作了3次论述超新星的公开讲演，他从天文观察的角度以及精心测量的数据，证明超新星不是气象变迁，它肯定位于天上，而亚里士多德的理论显然是错误的。

一位数学家证明天上确实发生了变化，这引起了人们很大的震动。克雷蒙尼尼作为帕多瓦大学知名哲学教授，立即出来为亚里士多德辩护。克雷蒙尼尼和伽利略是好友，平素进行过无数次哲学与科学问题的讨论。为了友情两个人用笔名撰写小册子互相攻击、互相批驳。

两个人的争论逐渐从台后发展到台前，激烈和深刻程度日渐其甚，对于新天文学普及发挥了巨大的作用。为了驳倒对方，必须拿出更多的证据和资料。为

此，伽利略加强了测量方面的努力，从这之后，伽利略开始把观察和实验作为科学的坚实基础。只要有可能，他就进行测量，从而保证了他的天文学和物理学结论的确定性。

人们常说，学术争论只有在能够讲出某种新东西的时候，才是有意思的。后来，伽利略主动撤离了"伽—克争论"的阵地，他不愿意为歪曲、谩骂，甚至恶意攻击式的争论花费更多的光阴。世界上还有许多更值得他研究的东西。

通过"伽—克争论"，伽利略收获良多，他深刻地意识到了实验的科学意义。争论撞击了伽利略科学研究的智慧火花，它划破黑漆漆的夜空，照亮了前进之路。

诗人们把争论比作磨快刀子的磨刀石，比作撞击出火种的燧石，真是深刻形象。什么是伟大的诗人，他们能够用形象来表现深刻，用深刻来刻画形象，或者把形象与深刻相结合。伽利略一生喜欢论战，善于从学术争论中发掘灵感，发现真理的萌芽。

我们要赞美学术争鸣，因为它们是真理的燧石！

造之乐

我知道我什么也不知道。
　　　　　——苏格拉底
　不要为了那浮华，那虚荣，就抛弃你
那可贵的珍珠。

　　　　　　　——席　勒

　　伽利略一生做出了许多伟大的创造，它们像星星一样永恒地镶嵌在物理学的天空中。除了机械摆钟的原始模型外，仅科学仪器的发明创造就有温度计、望远镜、精密秤等等。这些基本物理仪器或工具至今还广泛地运用于各个领域。

　　威尼斯人是一群乐于学习新思想的人。他们很喜欢伽利略，认为伽利略能到帕多瓦大学任教，是一件令人高兴的事。威尼斯很富裕，因为她的人民勤劳。他们制造的玻璃器皿闻名欧洲，欧亚的一些大城市，都出售威尼斯的商品。1271年，伟大的马可·波罗就是从威尼斯来到中国的。

　　威尼斯人民热爱生活，珍视生命。在威尼斯的高

等学府中医学院十分有名，拥有各种医生。他们解剖尸体，研究四肢、心脏，以及与生命有关的各类事物。伽利略任教帕多瓦大学之后，虽然教授数学，却很想帮助医生。

当时，人们认为生病时，人的血液温度通常会升高，否则人们为什么会满脸通红呢？怎样才能测出人体内血液的温度呢？

伽利略做了许多实验，一些才华横溢的学生也帮助他一起实验。伽利略问学生们，水的热冷是如何知道的，我们要用手摸一摸，要用指头试一试。伽利略启发学生们，学习数学的人不要习惯于用手指，而应该把问题用数字来表示，用数字来表征它们。

在启发学生们的同时，伽利略自己却受到了启发：能否将水温的变化转化成数学问题呢？他又一头扎入了实验室。通过实验伽利略发现，水在温度变化时，大多数指标都是不变的，比如重量，但是体积却发生明显的变化。

水达到沸点时，

体积大大增加，而冷却时，体积会缩小。伽利略敏锐地抓住了水体积变化这一点，对它进行测量！测量是伽利略师徒们最拿手的技术。很快，水温变化与体积膨缩的关系搞清楚了。

伽利略与学生们用一支长而细的玻璃管，在上面标出一道道的刻度，在刻度旁标上数字。当试管装满水加热或降温时，管内的水就会上升或下降达到不同刻度，这样就可以用数字测出温度即冷热的数量大小。温度计就这样创制出来了。

病人生病时，医生为了了解他的温度，让他握着试管，管内的水就会升到较高的刻度。这样，医生就会知道病人血液的温度了。

伽利略不满足于温度计的发明，他知道温度计很不完善，因此他总是试图制造更好的温度计。他认为，水不是制造温度计的理想液体。

那么，什么是制造温度计的最理想的液体呢?伽利略带领学生们又开始进一步的探索。

首先，对水的各种属性进行试验，然后与其他液体进行比较，从中挑选最理想的液体。伽利略试验了许多种液体，最后，他选定了酒精。各种酒中都含有酒精，酒精冰冻点很低，冬季不会结冰，克服了以水为液体的温度计的缺陷，是制造温度计的良好液体。

后来，为了使测量准确，阅读方便，伽利略又把酒精染成红色。直到今天仍然还有很多时候使用酒精温度计。

在发明创造过程中，伽利略真是既得陇又望蜀，他又不满足温度计的敞口了，因为这样十分不方便而且影响测量质量。他们通过实验认识到，有空气就无法制造出优质温度计，不能让试管中既有空气又有液体，需要的东西只是液体而不是空气。虽然伽利略自己并没有亲自制成密封温度计，但是他指明温度计研制方向，为最终改善温度计质量做出了重要贡献。

科学发明和创造的发展动力来自人类永不满足的追求。人们使用红色酒精温度计也有另一种麻烦，酒精燃点很低，易于燃烧，沸点不高，沸腾得太快，什么样的液体凝固点低，沸点却高呢?这回探索的是伽利略的后人，他们接过发明家伽利略的工作，又发现了水银作为测量温度媒质的性质，这就是现代水银温度计的由来。

水银，也就是汞，是一种非常特殊的液体金属，它是制造液体温度计的最佳选择，因为它能迅速地由热变冷，膨胀系数很大，所以它能测量得很准确。医生把体温表放入病人腋下，几分钟后就能正确测出体温。

亲爱的读者，你认为下一步的发明创造应该是什么呢？

人们又开始进行探索表示温度的方法。1714年，也就是在伽利略之后的70多年，德国物理学家华伦海特研制了一种特殊温度计。水沸腾时，温度计就指到212°F(华氏温度)；水结冰时，温度计就指到32°F。直到今天，在英国和美国，还有人仍然使用这种温度计，为了纪念华伦海特，人们把标志温度的这种方法称为"华氏温标"。1742年瑞典天文学家摄尔修斯制造了另一种温度计，他的测温体系及其度量方法，就是今天世界上广泛使用的摄氏温标。即水结冰定为0℃，水沸腾时温度定为100℃。摄氏温标使用很方便，现在是国际通用的标准的度量衡单位。

伽利略把发现自然界的奥秘，当作一生中最大的快乐，他总是积极地寻找科研课题，探求作出发明的可能。1609年7月，伽利略正在专心写关于自然运动的论文时发生了一些事件，从而转移了伽利略的科学研究兴趣达数年之久。

有一天，伽利略收到荷兰的一位朋友来信。信上说荷兰人制造了一种特殊的镜片。有一位名叫利珀希的人，经常在河边修配镜片，一天，河对岸有位朋友向他打招呼，做手势，他把两片镜片对在一起时，发

现透过镜片，朋友的脸庞好像近在咫尺。利珀希惊讶得叫喊了起来！

伽利略为这神秘的现象而激动，他把这封信又读了一遍，接着嘴里喊着我也要制一副这样的镜片。伽利略知道，这种望远镜对于威尼斯的重要不亚于一支海军。他在帕多瓦时，还听说一个经过此地的外国人带来一架小望远镜，打算把它高价卖给威尼斯政府。

伽利略十分熟悉凸透镜和凹透镜的物理性能，他在实验室忙了一个多月，8月份就制成了一架望远镜。当把这架望远镜献给威尼斯大公后，伽利略获得了终身教授的职位，薪水增加了一倍。用伽利略的望远镜比训练有素的瞭望员用肉眼观察可以早两个小时发现进港船只，这对于威尼斯水城是十分有益的好事。

荷兰人发明了望远镜，用它看远处地面上的东西，而伽利略则用它观察天上的东西。当佛罗伦萨提供玻璃以后，伽利略着手磨制放大倍数更大的望远镜。1609年12月初，伽利略制造出了一架放大20倍的望远镜。

当把望远镜头对准月亮，慢慢地调实焦距时，望着完全陌生的月球，伽利略惊讶得说不出话来，他真想伸出手去摸一摸月亮。

当得知伽利略发明了望远镜，可以通过它看到月球表面的凹凸部分时，好奇的人们涌到伽利略家中，排着队伍轮流观看望远镜中的月亮。接连好几个月，伽利略几乎每天晚上都观察月球和星星。他怎么也看

不够，望远镜里的世界，真是奇妙无比，可以说，人们肉眼看到的月亮并不是真实的，她的真面貌早已被遥远的距离和大气层折射变形了，通过放大倍数极大的天文望远镜，你才能看到近似真实的月球……

伽利略绝对不是只满足好奇心的人，他还要借助观察资料来研究月球。伽利略首先发现月球上有奇异的斑点，后来，他证实那些斑点是山脉，还推测了月球山的高度，发现了月球的转动，认识到月球是靠反射太阳光才发光的。这些知识丰富了17世纪天文学的宝库。

接着，伽利略开始研究行星，发现了许多前所未闻的行星现象。他最先意识到行星离地球比恒星近得多，恒星离地球一定比行星远得多。

望远镜扩大了人类的视野。

为学说而献身是值得的

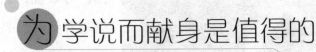

> 砍头不要紧，
> 只要主义真。
>
> ——夏明翰
>
> 等一下再砍我的头，再给我一会儿工
> 夫，让我把这条定律证明完。
>
> ——阿基米德

1610年1月7日，这一天也许是伽利略生命中最伟大的一天。从这一天开始，伽利略开始研究木星。当他把望远镜对准木星时，发现木星附近有3个较小的星球，就像3个小月亮一样。

第二天晚上，这3个卫星处在不同的位置上。过了几个晚上，出现了第四个卫星。这4个星球每天晚上都改变位置。木星有4个小月亮！

伽利略昼伏夜出地颠倒了生活顺序，每天晚上观测天象。欧洲的夜晚是不寂寞的，南部的伽利略和北部的第谷·布拉赫都在忙碌着。

第谷·布拉赫是和伽利略同时代的另一位伟大的天文学家，也是一位天象观测大师。从1576年到1597

年一直在丹麦赫威恩岛的乌拉尼堡进行天文观测。他是一位用肉眼加简单六分仪、象限仪等进行观测的大师。1601年10月24日第谷去世。他的学生兼助手约翰·开普勒，继承了他长达20年连续天文测观的资料，站在第谷的肩膀上开普勒做出了更大的成绩。

在中世纪，西方社会的欧洲一片黑暗，教会统治一切。他们信奉圣经的教义，认为地球位居宇宙中心，日、月、星辰都围绕地球运转。并说，这一切是上帝的安排。中世纪基督教利用古希腊天文学家托勒密的"地心说"，形成一整套神学理论，借以巩固神权的统治。15世纪末叶，文艺复兴、远洋航行和宗教改革运动，在整个社会产生了巨大的震撼，以"地心说"为核心的宗教神学的天文学受到了科学的挑战。1496年，波兰人哥白尼赴意大利求学，在学习期间获得了大量天文学资料。1499年，26岁的哥白尼任意大利罗马大学天文学教授，后来从事宗教职务，潜心研究天文学。他怀疑托勒密学说，提出了"日心说"。

哥白尼"日心说"的要点之一，是地球围绕太阳每年公转一圈，同时又以自己的轴心线为中心自转。哥白尼创立的"太阳中心说"，绝不是异想天开，也不是偶然的发现，而是以数学和观测为武器，经过毕生的努力才形成的一套理论体系。

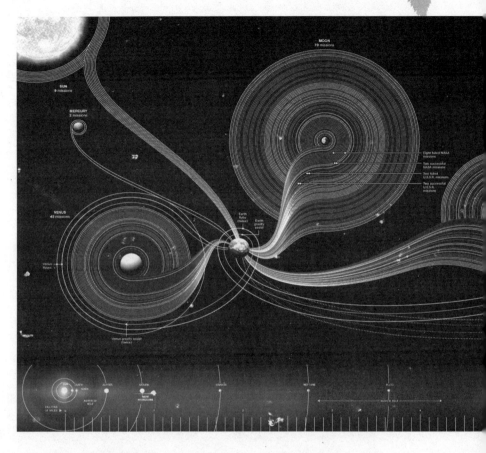

　　哥白尼临终才决心出版自己呕心沥血的著作。《天体运行论》一经出版，整个世界产生了震动，尤其是宗教神权统治的欧洲，更是一片惊恐。罗马宗教异端裁判所，宣布太阳中心说是大逆不道的邪说，将《天体运行论》列为禁书。

　　伽利略发明望远镜之前，就学习了哥白尼的理论，但他当时尚有许多谜无法解开。后来，开普勒出版了

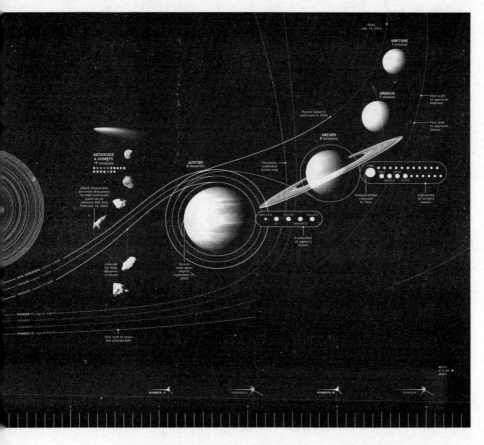

一本《新编天文学》著作。开普勒通过第谷·布拉赫的观测资料及其数学分析，得出一个结论，那就是哥白尼的太阳中心说是正确的。

伽利略熟读开普勒的著作，加上发明望远镜之后带来的新的观测结果，使他越来越倾向于哥白尼的学说。

1610年，根据望远镜观察的结果，伽利略出版一

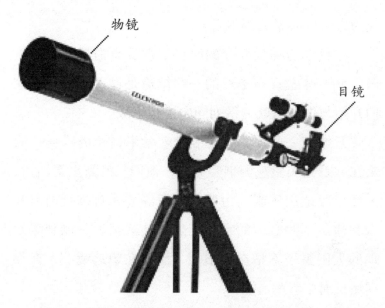

物镜

目镜

本新书，书名叫作《星际使者》。他在书中阐述了有关月球、行星及恒星的许多事实，也阐述了哥白尼的学说，并为它提出了很多支持性的理由。在书里，伽利略客观地阐述哥白尼的学说，但是没有公开宣布接受这一理论。

在观测金星、水星、土星以后，伽利略真正体会到了哥白尼理论的正确。他测定出地球每年绕太阳旋转一周，木星每12年绕太阳旋转一周；发现银河是由千百万颗小星星组成的。

伽利略详尽地研究观测了金星的盈亏，终于成为哥白尼理论的热心宣传者和倡导者。从1615年关于哥白尼理论争论开始，伽利略就坚决地站在哥白尼一边，成为太阳中心说的捍卫者。

在科学与神学并存的时代，承认哥白尼理论的正确，就意味着宣布圣经的一些结论是错误的。神学家们开始与伽利略就一系列问题进行论战。

开始，一些神学家也装扮着学术讨论的模样，后来在一系列实验观测事实面前，他们只好露出真面目，不择手段地用压制、污蔑、诋毁等方式对抗哥白尼和伽利略。一些极端的宗教狂热信徒甚至说，伽利略发现的太阳黑子不是在太阳上，而是在望远镜上，在伽利略反对宗教的心里。

从参与论战的人数看，伽利略一方是少数派，另一方则是兵强马壮的宗教团体。伽利略只有从观察和

实验中得来的自然界的客观事实。这些事实是他的证据，是他攻无不克的军团。

伽利略制成了一些高倍清晰望远镜，主动送给天主教会的天文学家，一些具有理性的学者承认了伽利略的成就。伽利略开始得到了一些来自高层宗教人士的支持，这就是伽利略一直受到迫害，但没有被宗教异端裁判所处以酷刑的原因。

1613年，伽利略根据多年对太阳黑子的观测，发表了《论太阳黑子的书信》一书，宣传了哥白尼理论。

宗教统治者的代理人指责他信奉邪说，他根据《圣经》经文为自己辩护，还试图引用经文来支持日心说。1615年，伽利略正式受到罗马教廷的警告，要他置身于神学争论之外。1616年初，宗教法庭的权威神学家们颁布了如下法令："那些认为太阳处于宇宙中心静止不动的观点是愚蠢的，在哲学上是虚妄的，纯属异端邪说，因为它违反《圣经》。"一声令下，凡是传授地球运动学说的书籍都被查禁，教皇保罗五世还警告伽利略不得"持有、传授或捍卫"哥白尼理论。

1610年，伽利略离开了帕多瓦，后来一直居住在佛罗伦萨。迫于整个天主教界的巨大压力，他在许多年里保持着一定程度的沉默，潜心于科学研究。

尽管伽利略捍卫哥白尼遭到整个宗教界的反对，

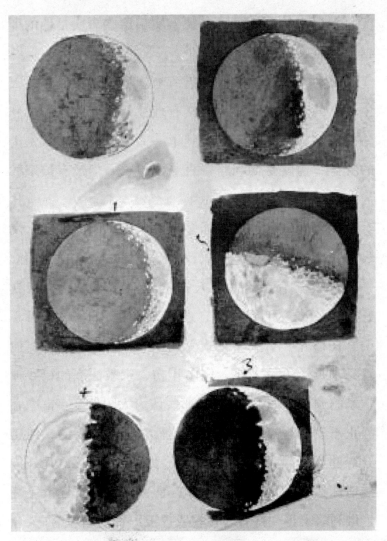

　　但是他同宗教界人士的个人关系还是相当好的。

　　教皇保罗五世在梵蒂冈接见了伽利略，和蔼地与他谈话，他提醒伽利略不要忘了诺言。伽利略曾经被迫答应不宣传哥白尼理论。

1623年，教皇保罗五世逝世。新教皇乌尔班八世即位。这对于伽利略真是一件意外的喜事。乌尔班是伽利略的多年朋友。伽利略为他写了一本书《试金者》，并在扉页上印着"谨以此书献给我们教会的伟大领袖乌尔班八世"。这位新教皇对天文学很感兴趣，曾经赋诗庆祝伽利略发现木星卫星，他也忽略了书中为哥白尼学说辩护的内容。

教皇愉快地接受了这本书。他给伽利略写信说："很抱歉，我无法将哥白尼的名字从黑名单上除去，你明白其中的理由，你必须接受这些理由。但我希望你继续做实验，实验价值是巨大的，因为这些实验对你的同胞有用处。"乌尔班八世是一个比较开明的教皇。

伽利略获得了极为宽松的学术研究环境，他又相继取得了一系列科学成就。

1632年，不甘寂寞的伽利略发表了《关于两大世界体系的对话》，这本书很快又轰动了整个学术界。在这本书出版之前，曾经得到过宗教检查员的检查，获得通过，本来不会出现什么问题。可是，一个恶毒的教士向乌尔班八世进谗言，离间两人之间的关系，不久他的离间计得逞了。据说他说服教皇相信，教皇本人就是《对话》中那个愚蠢拙笨的地心说捍卫者辛普利丘。

不久，《对话》遭到禁止，伽利略被宗教法庭传唤到罗马。起初他推说有眼病，但后来还是无奈于 1633 年 2 月到了罗马，被监禁起来。

同年 6 月，伽利略在宗教法庭受审时，遭到刑讯逼供，被迫发誓放弃自己的信仰，宗教法庭判处监禁伽利略。几个月之后，伽利略蒙准到靠近佛罗伦萨的阿切特里过隐居生活，但他对科学的热忱仍不减当年。1638 年，他又出版《关于两种新科学的谈话》。

伽利略热爱科学实验，喜爱理性思维，极力捍卫哥白尼理论。当然，伽利略也敬仰教皇及教会，对上帝也诚心诚意地信仰。这种矛盾的心理使得伽利略的行为显得有些奇怪。他拥护哥白尼理论却不像布鲁诺那样拼生命、洒热血，同时又以望远镜发现一个又一个的崭新事实，这些事实将推翻他信仰的神权。

客观地说，以科学事实捍卫哥白尼学说是伽利略的主要功绩。

太阳也有黑子

人的谬误正是使他显得真正可爱的东西。

——歌　德

浮光只图炫耀一时，真品才能传诸后世。

——浮士德

　　如果说人们对于伽利略发明望远镜尚存在颇多争议，但是伽利略第一个将望远镜指向天空做出一系列伟大发现，却是无可争议的事实。无人不为这些发现而礼赞有加，它是伽利略伟大一生的重要丰碑。

　　值得特别一提的是，伽利略还用望远镜观测太阳，发现了太阳"黑子"。太阳自身的活动造成激烈的旋涡，其中心温度要比其他部分低，从地球上看就有一些颇暗色的斑点，早在中国春秋时代就有人声称发现过太阳黑子，而且记入史书。

　　欧洲人在伽利略之前一直认为太阳是完美无缺的。他们以为太阳是上帝创造的，不可能有任何缺陷。教会人士也这样宣传。在神权统治的中世纪欧洲，天体被称为"圣岸""圣角"。他们认为，天空充满"各种等级的天使和一个套着一个的水晶球"，而"静止不动的地球"就居于这些水晶球的中心。

得知伽利略通过望远镜发现一系列现象之后，欧洲的科学家们都想读他的书。他应邀给各国要人送了很多自己撰写的著作，他还赠送每个人一架望远镜，以便让他们能够亲眼证实他的见解。

人们接受了伽利略的馈赠之后，感到十分诧异，为什么别的望远镜都不如伽利略的望远镜好，伽利略的望远镜放大倍率高，可以让他们很好地看清行星运

动。

　　伽利略对于光学造诣很深，他消除了直到现在还很难消除的光学误差及像差现象。可以说，以玻璃镜片作为透镜，在伽利略时代已经达到了相当高的水平，现在我们的许多望远镜制造厂还赶不上那时手工制造的望远镜呢！伽利略告诉朋友们，每个望远镜片都是他亲手制造的。

用这种精良的望远镜观测天空，先是月亮、金星、木星，然后是恒星、银河，漫长黑夜过去了，太阳唤醒了一切。白天，伽利略也闲不住，终于把望远镜对准了光焰万丈的太阳。

伽利略是在佛罗伦萨发现太阳黑子的。

一天，伽利略研究太阳时，注意到太阳表面有些奇异的黑点。经过数日观测，他发现"这些黑点缓慢地横移过太阳表面"。根据太阳黑子运动，他推测太阳一定是在缓慢地旋转，并计算出旋转周期为25天。

伽利略发现太阳黑子证明了地球绕太阳旋转，于是写了人类第一本关于太阳黑子的专著。太阳并不像人们相信的那样，它也是有缺欠的。这一宣传很快如野火春风一般传遍了整个欧洲。人们忍着太阳灼眼的炙烤，涌到有伽利略式望远镜的地方，去看太阳的黑子。

在伽利略之前，人们也发现过黑子，但因为没人怀疑过太阳的光洁，所以一直把所发现的黑子看成是星体凌日现象。通过伽利略的系统研究，人们才分清了太阳黑子与星星凌日现象的差别。于是观测太阳黑子成为一种热潮，这客观上促进了关于太阳黑子的研究。伽利略有一个学生叫卡斯特利，他对于太阳黑子的观测十分精确，以致可以测量黑子每天的运动，这使伽利略更加确信黑子必定在太阳的表面上。

人们与伽利略讨论太阳黑子与凌日的关系，后来，这些信件出版了，产生了极大的影响。在伽利略生活的16～17世纪，人们都用拉丁语写论文，因为各国有学问的人都学习拉丁语，但是伽利略则用意大利语写科学论文，他要为意大利人民写作，而不只是为了那些受过教育和具有很高教养的人。

太阳黑子的观测损坏了伽利略的健康，特别是视力。每天晚上观星，白天还要观测刺目的太阳，所以伽利略晚年的身体状态每况愈下。视力开始下降时，他还没有意识到，后来逐渐加重，只好依靠学生来进行观测了。1637年，伽利略双目完全失明。用现代西

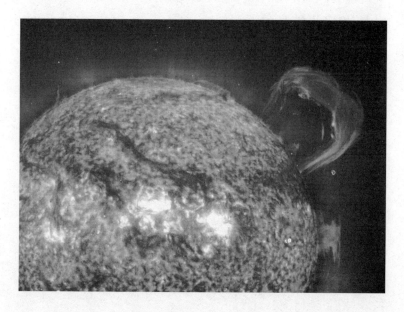

医学理论说，他患上了太阳长期灼烧造成的视网膜脱落。好在伽利略的得意门徒维维安尼和托里拆利已经能够独立承担工作了。尽管如此伽利略还是顽强地在别人的帮助下，从事力所能及的工作。此时，伽利略已是70多岁的高龄了。

1638年，双目失明的伽利略已经看不见他的新作《关于两种新科学的谈话》一书了。他用颤抖的双手抚摸书籍的封面，十分激动。他又完成了一次使命。

不久，英国伟大诗人弥尔顿拜访了伽利略，还以此为原型撰写了长诗《力士参孙》。这个作品可以看作是体现了双目失明的伽利略和盲诗人两个人的悲剧。

意大利是近代文艺复兴的伟大摇篮。她是古典学术复兴的舞台。在伽利略一生的前后，意大利闻名于世界。威尼斯的玻璃制品、马纳利卡和其他意大利城市的彩饰陶器和金属铸件在那里都是无与伦比的。当然，更早一些时候，意大利就已经取得了远为重大的成就，比如但丁和彼特拉克的不朽诗篇、达·芬奇的全才、拉斐尔和米开朗琪罗的至善至美的艺术。

在伽利略时代，意大利正出现一个重要转折，那就是艺术走向衰落，而科学精神则开始勃兴。意大利的科学注定要接过意大利艺术的无尚荣耀。

伽利略父子就是这一转折过程的缩影。

伽利略父亲文森西奥是一个破落的贵族后代，他是一位颇有天赋的音乐家，他的创造力和雄辩在音乐领域中促进了音乐理论和音乐实践的相结合。文森西奥曾经从师一位名叫查里诺的音乐家学习音乐理论，他对复兴古希腊古典音乐很感兴趣。但是，事过境迁尽管宫廷中少数音乐艺术家水平很高，贫民却无法供养音乐家了，很多音乐家都贫困潦倒。文森西奥不希望自己的儿子像他那样生活，他渴望儿子通过上大学成为一个医生，因为做一个医生远比做一个艺术家收入要好一些。

伽利略一入学却喜欢上了科学，特别是数学。据说他经常站在教室门口听数学课，很快从学习医学转为学习数学和物理学。青年伽利略是以自然科学家的身份进入比萨大学任教师的。

身负重轭的反叛者

> 愚蠢和智慧之间的界限是如此之模糊
> 不清，以至于由于在其中的一条道路上走
> 的时间太长了，也难免有时会沾着另一条
> 道路的边……
>
> ——康 德

伽利略生活在宗教活动十分活跃的时代，他不怀疑宗教，却十分明确地反对神权的某些宣传。这是一个沉重的负担，它压得伽利略几乎喘不过气来。宗教与神权的双重重轭下的伽利略，一方面打碎了神权偶像，另一方面又成为神学迷信的牺牲者，他受尽了屈辱折磨，终于倒在了艰难坎坷的人生之途上。

在1500年以前，罗马天主教会是欧洲唯一的教会，因此它拥有极大的权力。天主教来源于基督教。它认为上帝耶和华创造了天地，派自己的儿子基督耶稣来拯救人类。但与基督教不同，他以上帝为最高神，教会里有严格的教阶制度，如黑衣主教、红衣主教等等。罗马天主教的教皇，就是上帝派到尘世的代表，

他具有至高无上的权威。

　　其实，欧洲天主教教会是一个政教合一的统治集团，是一个巨大的封建阶级的代表。它向农民出租土地，收取租税，盘剥整个社会，甚至连各个国家的皇帝也要教皇同意才能获得统治权。随着封建社会走上穷途末路，许多国家开始摆脱罗马天主教的神权统治，成立了各自的教会。这些国家有英格兰、荷兰、丹麦、瑞典和瑞士等国家。教皇的权威和统治区域逐日缩小，日薄西山。

可是，在伽利略所处的意大利，罗马天主教会却仍然拥有很大权势。大、中、小学都掌握在教会手中，由他们决定什么可以讲、什么不可以讲。

很早就受到宗教熏陶的伽利略，孩提时代曾是教会认可的那种"乖孩子"：安静、沉思、修课以及规规矩矩。伽利略也十分喜欢宗教活动，肃穆庄严的宗教音乐，宽阔洁净的教堂建筑以及人头攒动的祈祷活动，都深深地吸引着他。可是到了青年时代，这个教会的乖孩子却架起了向教会轰击的排炮，那一发发重型炮弹击毁了天主教神学的自然科学基础。

伽利略十几岁就进入了古老修道院附设的学校，后来他又以见习修士的身份加入修道会。是艺术家的父亲阻止了他继续修道。他不同意伽利略担任圣职。

他说"这不行，你是我的长子，我死后，你得照顾家庭。如果你担任圣职，就会永远穷困的。正直的人在教会里是不会富裕的。我的伽利略很聪明，足可以当一名医生。"

伽利略是一个听话的孩子，他遵循父命去修研医学，在学习过程中他成为了一名科学探索者。

青年伽利略研究机械摆的时候，并没有触动封建神学的神经，这次实践使他体验到的是揭示自然界奥秘的快乐。

后来，伽利略接触了重力这一问题。亚里士多德说，落体的速度随物体重量而变。伽利略利用比萨斜塔的便利，他把重量相差很大的物体同时从斜塔顶上抛下，结果证明它们同时抵达地面。根据落体实验以

及精密的推导，伽利略发现了"落体定律"，事实上他也发现了力学的加速度概念。

通过理想实验，伽利略认识到物质在不受到

力的作用时，将保持静止和匀速直线运动的状态。后来，伟大的牛顿将伽利略发现的"惯性定律"归纳为牛顿第一定律，伽利略的"落体定律"也是牛顿第二定律的一个主要来源，这两个定律奠定了整个宏观力学的基础。

在16世纪末的几年里，伽利略与开普勒相识。两个对天体运动十分熟悉的青年人通过信件，建立了牢固的友谊。在给开普勒的信中，伽利略说，我为自己在寻求真理上找到这样一个伟大的志同道合者而感到幸运。当时，太阳中心说是罗马教廷明令围剿的禁区。伽利略刻苦研究，他对天空的观测已积累了大量证据，但正像他给开普勒的信中说的那样，"必须把它们搁置起来。"伽利略不敢公布这些证据。因为就在这同时，他的同胞乔尔丹诺·布鲁诺便由于信奉和宣传哥白尼

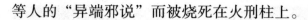

等人的"异端邪说"而被烧死在火刑柱上。

那是1600年2月8日，在罗马天主教廷红衣主教马德鲁契的宫殿里，监禁了8年的布鲁诺衣衫褴褛、消瘦不堪，此前他就被告知，要是宣布放弃信奉哥白尼的观点，他可以保全性命，流放到外地修道院呆几年，然后获得自由；否则将死在火刑场上，这是布鲁诺面临的最后抉择。布鲁诺郑重地声明：他决不放弃自己的观点。宗教裁判所宣读了判决书。

布鲁诺目光炯炯，大义凛然，他鼓足全身力气冲着这帮宗教权贵们厉声喊道："你们宣读判决可能比我听到这判决时更加胆颤心惊！"

最后的一天到来了。1600年2月17日凌晨两点，教堂塔楼上的钟声划破夜空传进千家万户。这是施行火刑的信号。清晨之前，人们惊惧地挤满了通往鲜花

广场的街头。教会人员对布鲁诺进行最后规劝，从牢房一直劝到火刑场。但是在铁骨铮铮的布鲁诺面前他们又一次失败了。一束束火把照亮了黎明之前的黑暗，干树枝点燃了。这时千万只眼睛注视着一点：一个刻有耶稣受难像的十字架向他面前伸了过来，这是对死者例行的一次最后考验，考验他在最后一息时对宗教的态度：吻它，这就意味着和解，意味着皈依宗教，当然也意味着屈膝投降。但是，正气浩然、视死如归的钢铁汉子布鲁诺轻蔑地、愤慨地转过头去……

熊熊的血红色的烈火越烧越旺，善良的人们在胸前不停地画着十字。天主教的黑暗势力可以凭借权势将布鲁诺肉体烧成灰烬，却永远也消灭不了他的精神。

伽利略想，正如布鲁诺自己生前所说的，所有为

真理而遭杀害的英雄们，他们总是"死在一时，活在千古"。

染着血色的烈火，充满臭气的浓烟，不时刺激着伽利略的神经，那些恐怖的场面总是萦回在伽利略的脑海，为了继续探索真理，他只能选择"搁置起来"。

从中年以后，伽利略就是处于宗教与科学之间，背负着双重重轭，这使他一方面从事科学研究、从事科学质疑宗教的反叛者的工作；另一方面又屈从于宗教神权的强权，显得有些唯唯诺诺。

《对话》长留天地间

> 伟大的热情能够战胜一切。一个人只
> 要强烈地、坚持不懈地追求，他就能达到
> 目的。
>
> ——司汤达
>
> 生活的伟大真理就在于，或者你统治
> 它，或者它统治你。
>
> ——斯图尔特

　　从1624年到1630年，伽利略一直断断续续地撰写他的著作，经过观测、实验、计算和推理，对自然规律、托勒密和哥白尼理论有了更加深刻的认识和理解。就在新著将成之际，伽利略又接到罗马教廷的专横命令，不论叫什么，书名就是不能叫作"关于潮汐的对话"，因为这个书名强调了地球运动的物理学论证，它会动摇神学的根基。

　　在阴霾笼罩的中世纪，教会要人们认为潮汐是上帝创世的结果，一切一开始就是这样。近代科学诞生以后，物理学家们发现潮汐现象与太阳、月亮的运动有关，伽利略及其同时代的科学家都认识到潮汐是天

体运动相互影响的结果。后来，伟大的物理学家伊萨克·牛顿运用万有引力理论解决了潮汐问题。

　　经过认真推敲和反复斟酌，伽利略把书名改为《关于托勒密和哥白尼两大世界体系的对话》，于1632年3月在佛罗伦萨出版。

　　在16世纪，欧洲文化中对话体裁的图书广泛地应用于教育民众，在普及科学技术上功不可没。伽利略采取了一种新颖的活泼有趣的对话体，《对话》中，实际上写了两位造诣很深的专家在争取毫无偏见的第三位参与者的支持。它是以知识、智慧取胜，而不是依靠强权、暴力。有无力量关键在于是否拥有真理。

　　《对话》中共计有3个人，两位专业学者，一位旁观者。学者萨尔维阿蒂是伽利略的主要代言人，他主张哥白尼太阳中心说。生活中的萨尔维阿蒂本人早已在1614年访问西班牙时去世，教廷无法追诉他的责任。另一位是亚里士多德学派专家，名叫辛普利邱，他是一位亚里士多德著作的著名注释家，主张托勒密地球中心说。第三个人是风趣睿智的沙格列陀，他曾是伽利略的挚友，本人于1620年就逝世了。伽利略在《对话》中生动地再现了他的思想和风貌。

像薄伽丘的《十日谈》一样，伽利略安排的对话分作4天进行。对话者们闲情逸致、心平气和地探讨新旧天文学的优劣。这是人类世界观改变的时期，这是伟大的4天！

第一天，天气晴朗，人们兴致勃勃地开始了对话。3个人以辛普利邱为中心集中讨论了亚里士多德的学说，特别是关注于亚里士多德对天上物质和元素物质的分类以及与它们相关的运动。辛普利邱

基本上是复述古希腊人人皆知的理论观点，特别是盲目赞赏地介绍托勒密的世界体系。辛普利邱的介绍使读者看到了托勒密世界体系的全貌，同时也隐含了重大的缺陷。对话中，萨尔维阿蒂以逻辑学和自亚里士多德以来的新天文学知识为武器，批判了落后于科学研究的自然哲学的基本原则。萨尔维阿蒂大胆地在逻辑上指责亚里士多德常常把有待证明的东西接受下来，并且做了一些未被承认的和不合理的假设。关于对话中所讨论的新发现，主要是月球表面的地貌及其山脉和火山口光照阴影的连续变化，这些都通过望远镜而证实。

　　辛普利邱对这些新发现无法做出正常判断，他懵懵懵懂懂地回答显得十分笨拙可笑，被新发现弄得手足无措，张口结舌。

第二天，人们兴致未减地继续对话，这回以萨尔维阿蒂为中心，主要讨论地球的自转。没有任何证据足以反驳地球自转的假说，辛普利邱也无法回答这一问题。

萨尔维阿蒂以运动的相对性原理和运动守恒性原理为武器，开始讨论了匀速运动和加速运动，随后讨论了抛射体运动和杠杆原理。这时的对话几乎成了萨尔维阿蒂的独角演讲，辛普利邱只是作为一个配角不时插上几句诘问以示他的存在。通过对话的形式，伽利略系统而广泛地介绍了物理学新发现，使人们掌握了物理基本原理，为随后彻底批驳托勒密世界体系奠定了知识基础。伽利略的重大科学发现在这里一览无余，他总结概括的"惯性定律""抛射体定律"和"自由落体定律"等近代物理学定律，也在《对话》中初露峥嵘。

《对话》偶尔也对经院哲学家们射出一支嘲笑的利箭，揭露他们论点之荒诞不经。例如，当辛普利邱坚持亚里士多德不可能在推理上犯错误，因为他是逻辑学的创始人时，他就遭到反驳：一个人很可能是一个出色的乐器制造者，却不是优秀的音乐家。

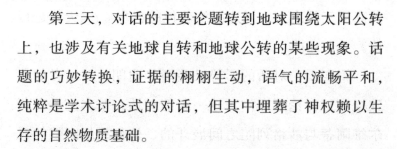

　　第三天，对话的主要论题转到地球围绕太阳公转上，也涉及有关地球自转和地球公转的某些现象。话题的巧妙转换，证据的栩栩生动，语气的流畅平和，纯粹是学术讨论式的对话，但其中埋葬了神权赖以生存的自然物质基础。

　　亚里士多德学派认为，天体与地球在性质和组成上完全不同，天永远不变。新星和太阳黑子的出现被睿智的对话者引用来作为反对的证据。人们讨论得出结论，天空也遵守自然规律。萨尔维阿蒂论证了太阳中心说的正确性，最后，他引用了哥白尼的话："太阳居于群星的中央。在这个辉煌无比的庙堂中，这个伟大的发光体现在能够同时普照一切，难道谁还能够把它放在另一个比这更好的位置上吗？……因此，太阳俨

然高居王位之上，周边围绕着他的群星。(《天体运行论》Ⅰ，10)"

第四天，对话的形势已经渐趋明朗，对话者们兴致极高地讨论了潮汐。这一天的对话，基本上是在萨尔维阿蒂与沙格列陀之间展开的，他们风趣幽默的对话显现出第三参与者已经明显趋向拥护新天文学，可怜的辛普利邱只好默默地从事着陪衬角色。

从第一天辛普利邱滔滔不绝地畅谈、萨尔维阿蒂沉默寡言，转变为辛普利邱无言以对，标志着哥白尼的新世界体系的成功。哥白尼新天文学理论像大海潮汐一样，即将冲破封建宗教神学的堤坝，从神学家手中夺回天空。《对话》总结了伽利略长期科研实践中的各种科学发现，宣告了托勒密地心说理论的破产，从根本上动摇了教会的最高权威，从而推动了科学发展。

《对话》一出版就受到广大读者的欢迎，立即广泛传播开来。出版之前，《对话》书稿曾经通过教廷书报检查，而在罗马当局准许出版后不久，一直热心该书出版的萨西王子却突然去世，打算资助《对话》的林赛学会也随之解散。后来得到罗马当局第二次许可，准予在佛罗伦萨出版。

这时，意大利发生了一场鼠疫，使图书样本没能及时送往罗马。罗马教廷的御用文人认识到这部著作

　　将会给教会带来巨大危害，他们把《对话》与马丁·路德和加尔文的著作列为危害性极大的一类，下令立即禁止发行，并将其全部没收。迫害《对话》与伽利略的活动又开始了。

　　有人说，《对话》中的辛普利邱就是影射教皇，这一莫须有的诬告加重了伽利略的罪名。

　　1632年10月1日，宗教异端裁判所下令传审伽利略，此时伽利略已68岁高龄，体弱多病，卧床不起。医生为他开了证明："伽利略病重。他从佛罗伦萨到罗马，可能在半路上便到另一个世界中去了！"专横残暴的教皇冷酷地下令：把伽利略押到罗马！

　　1633年1月20日。

　　当时正值严冬，因鼠疫横行，沿途设置了层层检疫关卡，伽利略被拘拿到宗教法庭，并且要支付捕役们的费用。《对话》并没有因罗马教廷的禁止而绝灭于世。因为"一时强弱在于力，千秋胜负在于理"，这是屡屡被证明的。

　　伽利略的《对话》是近代天文学文献的3部最伟大的杰作之一，另外两部是哥白尼的著名《天体运行论》和牛顿名著《自然哲学的数学原理》。这3部伟大著作像3个巨大支柱，支撑了天体运行的大厦。

　　伽利略虽然已经逝世350多年，但《对话》中的科学原理却依然光彩照人……

"异端邪说"的命运

谬误不断地在行动中重复，而我们在口头上不倦地重复的却是真理。

——歌　德

谁若为我们指出了走不通的道路，那么他就像那个为我们指点了正确道路的人一样，对我们做了一件同样的好事。

——海　涅

社会需要发展，发展要求创造，创造就是求异、求新。

任何新生事物刚刚面世时，难免弱小丑陋像一只丑小鸭；由于它的怪、奇、异，所以很难为保守社会所接受，甚至遭受到狂风暴雨般的摧残，被人们视之为"异端邪说"。

　　哥白尼的太阳中心说一出现，就受到宗教神学社会的迫害摧残。哥白尼从一开始就清楚地明白这一点，所以，他年复一年地不断修订他的手稿，而对是否发表这部手稿一直犹豫不决。后来，已经衰老多病的哥白尼在朋友们的劝说下，终于决定将手稿托付给朋友送欧洲印刷中心纽伦堡。据说第一本书送到哥白尼手里几小时以后，他就逝世了。那是 1543 年 5 月 24 日，是伽利略出生前 23 年的事。

　　当伽利略发现亚里士多德理论的一些错误时，只是给予了一些善良的修正，就立即招致宗教社会的反对之声。他仿佛成了异己，发现太阳黑子以后，更是受到空前的攻击，后来他写道："那些反对改革的人抓住我的哪怕最微不足道的错误攻击我，仿佛我犯了弥天大罪。看起来与大家一起坚持错误比一个人独立思

考要好得多。但是我要说，我情愿落在大家后面坚持正确思想，而不愿站在别人前面不假思索地出尔反尔，自食其言。"

伽利略制作许多高质量的望远镜，送给一些宗教人士和知名学者，让他们观测星空和太阳，许多人却拒绝这样做。在罗马，克拉威斯神父声称，他相信所有看到的新东西都来自透镜，来自人们不笃信神的邪恶的眼睛，而不是来自圣洁的天空。这无异于闭着眼睛说瞎话，其他许多人则以占星术和经院哲学为基础攻击伽利略的主张。

攻击伽利略的人中有许多是学富五车的学者，他们反对伽利略，就更使天主教会有恃无恐，加重对伽利略的迫害。

对于这一点，后来卢梭曾经评价说："学者们固然有时比一般人的成见少，但另一方面，他们对已有的成见却坚持得比一般人更厉害。"在现代社会，人们认识到作为一个学者必须具有容忍不同观点的雅量。他们应该坚决反对假真理，但不要伤害正确的东西。

在罗马教皇为保罗五世时，教廷对伽利略就采取过断然措施。1616年3月5日发出通告，公开重申哥白尼学说为异端邪说，他的著作被列为禁书，任何人都不得谈论、宣传和阅读，否则就要受到宗教裁判所的审讯和严厉惩罚。1616年3月26日，伽利略第一次受到宗教裁判所的审讯，红衣主教贝拉明在法庭上警告伽利略今后不许"再相信、讲授和卫护"日心说或地动说。这是教会的命令，你必须无条件服从，否则，等待你的榜样是布鲁诺。布鲁诺的殉难历历在目，伽利略不得不表示服从，在悔过书上签字，实际上他是"口服心不服"。回到佛罗伦萨后，又在托斯堪那大公的保护下，用望远镜继续观察天体，不知疲倦地研究天体运动……

8年之后，伽利略获悉原先下禁令的教皇已经死了，新当选的教皇是他的好友，即乌尔班八世。此人也是一位学者，向来以"好学重才"闻名于世。伽利略心想，新教皇一定了解1613年到1616年的全部争论，因为这位红衣主教当时也参与了此事。他一定知

道自己的目的并不是要证明表面上谁是谁非，而是要把纯科学问题与信仰问题分开，以便使理性讨论可以自由地进行。

伽利略产生了一线希望，他撰写了一部著作《试金者》，并在扉页上印上了献礼的题铭。乌尔班八世给伽利略写了封善意的回信，他一方面解释无法改变禁令，另一方面又"希望你继续做实验"，表现出矛盾的心情。

宗教方面反对伽利略的学者们看到教皇对伽利略"冷处理"，就想方设法诬陷伽利略，他们的谗言终于使乌尔班八世相信，伽利略的异端邪说太大逆不道了，进而断绝了同伽利略的关系。

这是知识分子残害同类的可耻行为。根据英国作

家A·艾尔分析，"教会在大学里的那些教师是伽利略
的仇敌。这些人在罗马有很大的权力，他们很有才能，
但都是些品质恶劣的科学家。由于他们错误的观点，
许多好书被列入教会'黑名单'，他们的教唆使得教皇
反对伽利略"。

教皇一翻脸，教会的人就开始狠狠折磨伽利略了。

1633年初，伽利略被迫抱病前往罗马受审时，一
到罗马立即逮捕入狱，并宣布不经过许可，不准与任
何人接触。由于伽利略据理力争，坚持自己的观点，
激怒了教廷，下令对伽利略施行"维多利亚式"刑罚，
即不准睡眠，法官每隔4小时轮换一次，持续拷问，
而不给伽利略喘息的机会。这种疲劳"战术"持续了
很长时间，风烛残年的伽利略被折磨得精疲力竭，死

去活来，以致昏迷不省人事……最后，伽利略被迫在已经为他写好了的悔过书上签了字，表示"忏悔"自己的所谓"罪行"。

一个社会的统治者最害怕的就是自由传播的思想。拿破仑就这样说过："世界上只有两种强大的力量，即刀枪和思想；从长远来看，刀枪总是被思想所战胜的。"罗马教廷害怕伽利略的思想，害怕这些思想动摇其统治地位。

6月下旬，罗马天主教法庭对伽利略作出了判决："为了处分你严重和有害的错误与罪过，以及为了你今后更加审慎和给其他人做出榜样和警告，我们宣布，公开查禁《对话》一书，判处你关入正式监狱，在3年内每周读7个忏悔圣歌各1次。"

伽利略晚年，有两个特别值得记述的弟子。一个是维维阿尼，另一个是托里拆利。

维维阿尼保管了老师的笔记和书信，他通过研究老师的遗稿，写了一本有关伽利略的传记。后来，维维阿尼去世了，人们也渐渐忘却了他保存的那些遗稿。1754年，一位佛罗伦萨公共图书馆负责人在市场发现一些包商品的纸袋竟是伽利略的遗稿。但是，费尽周折，也只找回了其中的一部分。如果你今天去意大利佛罗伦萨观光，在其公共图书馆的珍藏部，还可以看到这些无价之宝。现在，意大利人民终于能自由阅读伽利略的图书和手稿了。

托里拆利是让伽利略骄傲的学生，前面已经提到，这是一位有传世之功的物理学家。

自从近代科学诞生后，尤其是伽利略事件之后，科学与社会的关系有了比较好的改善。社会变得更加宽宏大量了。对光怪陆离的科学发现，人们渐渐地习以为常了。学术争论并不再以统一意见为目的，而只是以促进科学发展为基本要求。

就连顽固不化的罗马天主教，也于1980年正式宣布为伽利略沉冤昭雪。

伽利略的悲剧也表明，一个人越伟大，越容易被讽刺和嫉恨的箭矢所射中。

在受到教会审判以后，伽利略给女儿写信，担心他

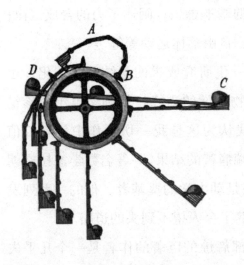

的名字已从世人的辞典中消失了。

女儿告诉他：

"不要说你的名字已从世人的辞典中勾销了，因为事实并非如此。你的名字无论是在你的祖国，还是在世界其他各国都是不可磨灭的。而且在我看来，如果你的名誉和声望一时受到损害，那么不久你就会享有更高的声誉……"

历史证明了这一点。

晚年的伽利略被允许出狱，软禁在佛罗伦萨的阿西土里附近。他坚韧不拔地继续从事科学研究，在极端困难的条件下，终于在1636年又完成了另一部伟大著作《关于两种新科学的对话》，1638年《新对话》第一次在荷兰出版。

这部光辉著作也是以3个人对话的形式写的，是一部新物理学，特别是一部新的力学著作，其矛头主要是针对亚里士多德的物理学。在《新对话》中，伽利略科学地阐明速度和加速度等概念，提出了牛顿第

一、第二运动定律的基本思想；阐述了力的合成定律；以及关于摆的研究；自由落体运动等等。

这是伽利略对一生研究成果的总结和系统化，也使他从而登上近代物理学的高峰。伽利略也十分珍惜这本书，他说："我认为这是我一切著作中最有价值的，因为它是我极端痛苦的结果。"著名数学家拉格朗日评价说："伽利略是动力学的奠基者，他的一系列发现为力学的进展开辟了令人望不到头的道路。"

要知道这样一部辉煌的巨著的作者是一个几乎失明的70多岁的老人。难怪伟大的浪漫主义诗人海涅说道："伟大人物的历史总是一部殉道传说。"

1642年1月8日凌晨4时左右，伽利略的心脏停止了跳动。弥留之际，他重复了他以前常说过的一句话："追求科学需要特殊的勇敢！"

教廷的迫害和晚年生活

《对话》出版后6个月，罗马教廷便勒令停止出售，认为作者公然违背"1616年禁令"，问题严重，亟待审查。原来有人在教皇乌尔邦八世面前挑拨说伽利略在《对话》中，借头脑简单、思想守旧的辛普利邱之口以教皇惯用词句，发表了一些可笑的错误言论，使他大为震怒。曾支持他当上教皇的集团激烈地主张要严惩伽利略，而神圣罗马帝国和西班牙王国认为如纵容伽利略会对各国国内的异端思想产生重大影响，提出联合警告。在这些内外压力和挑拨下，教皇便不顾旧交，于这年秋发出要伽利略到罗马宗教裁判所受审的指令。

年近七旬而又体弱多病的伽利略被迫在寒冬季节抱病前往罗马，在严刑威胁下被审讯了三次，根本不容申辩。几经折磨，终于在1633年6月22日在圣玛丽亚修女院的大厅上由10名枢机主教联席宣判，主要罪名是违背"1616年禁令"和圣经教义。伽利略被迫跪在冰冷的石板地上，在教廷已写好的"悔过书"上签字。主审官宣布：判处伽利略终身监禁；《对话》必须焚绝，并且禁止出版或重印他的其他著作。此判决书立即通报整个天主教世界，凡是设有大学的城市均须聚众宣读，借此以一儆百。

伽利略既是勤奋的科学家，又是虔诚的天主教徒，深信科学家的任务是探索自然规律，而教会的职能是管理人们的灵魂，不应互相侵犯。所以他受审之前不想逃脱，受审之时也不公开反抗，而是始终服从教廷的处置。他认为教廷在神学范围之外行使权力极不明智，但只能私下有所不满。显然，G.布鲁诺的被处火刑和T.康帕内拉的被长期打入死牢，这两位意大利杰出的哲学家的遭遇，给他精神上投下了可怕的阴影。

宗教裁判所的判决随后又改为在家软禁，指定由他的学生和故友A.皮柯罗米尼大主教在锡耶纳的私宅中看管他，规定禁止会客，每天书写材料均需上缴等。在皮柯罗米尼的精心护理和鼓励下，伽利略重行振作起来，接受皮柯罗米尼的建议继续研究无争议的物理学问题。于是他仍用《对话》

中的三个对话人物，以对话体裁，和较朴素的文笔，将他最成熟的科学思想和科研成果撰写成《关于两门新科学的对话与数学证明对话集》。两门新科学是指材料力学（见弹性力学）和动力学。这部书稿1636年就已完成，由于教会禁止出版他的任何著作，他只好托一位威尼斯友人秘密携出国境，1638年在荷兰莱顿出版。

伽利略在皮柯罗米尼家中刚过了5个月，便有人写匿名信向教廷控告皮柯罗米尼厚待伽利略。教廷乃勒令伽利略于当年12月迁往佛罗伦萨附近的阿切特里他自己的故居，由他的大女儿维姬尼亚照料，禁例依旧。她对父亲照料妥贴，但4个月后竟先于父亲病故。

伽利略多次要求外出治病，均未获准。1637年双目失明。次年才获准住在其子家中。在这期间探望他的除托斯卡纳大公外，还有英国著名诗人、政论家J.弥尔顿和法国科学家、哲学家P.伽桑迪。他的学生和老友B.卡斯泰里还和他讨论过利用木卫星计算地面经度的问题。这时教廷对他的限制和监视已明显放松了。

1639年夏，伽利略获准接受聪慧好学的18岁青年 V·维维安尼为他的最后一名学生，并可在他身边照料，这位青年使他非常满意。1641 年 10 月卡斯泰里又介绍自己的学生和过去的秘书 E.托里拆利前往陪伴。他们和这位双目失明的老科学家共同讨论如何应用摆的等时性设计机械钟，还讨论过碰撞理论、月球的天平动、大气压下矿井水柱高度等问题，因此，直到临终前他仍在从事科学研究。

伽利略于 1642 年 1 月 8 日病逝，葬仪草率简陋，直到下一世纪，遗骨才迁到家乡的大教堂。为了纪念伽利略发明折射式望远镜 400 周年，联合国将 2009 年定为国际天文年。

为了纪念伽利略，天文年上举行了"天文 24 小时""百万伽利略望远镜""路边天文年"等活动，中国的"牧夫天文论坛"《天文爱好者》杂志社等组织了中国的活动。